Die
Wissenschaft des Atmens
nach den
Lehren des heiligen Vedānta

Von

Rama-Krischna.

Freie Übertragung
von

S. von der Wiesen.

DIESER DRUCK DIENT AUSSCHLIESSLICH DER ESOTERISCHEN FORSCHUNG UND WISSENSCHAFTLICHEN DOKUMENTATION.

Für Schäden, die durch Nachahmung entstehen, können weder Verlag noch Autor haftbar gemacht werden.

© Copyright: Irene Huber, Graz 2014
Verlag: Edition Geheimes Wissen
Internet: www.geheimeswissen.com
E-Mail: www_geheimeswissen_com@gmx.at

Alle Rechte vorbehalten.
Abdruck und jegliche Wiedergabe durch jedes bekannte, aber auch heute noch unbekannte Verfahren, sowie jede Vervielfältigung, Verarbeitung und Verbreitung (wie Photokopie, Mikrofilm oder andere Verfahren unter Verwendung elektronischer Systeme) auch auszugsweise als auch die Übersetzung nur mit Genehmigung des Verlages.

ISBN 978-3-902974-22-8

Dieses Werk ist der erleuchteten Individualität
des
Swami Vivekananda
gewidmet,
der die ersten bahnbrechenden Worte über höhere *Yogi-Philosophie* und die uralte *Vedānta-Wissenschaft* dem Westen übermitteln durfte.

Inhalt.

Vorwort		7
1. Kapitel:	Salaam-A-le-i-kum	13
2. Kapitel:	»Atem ist Leben«	19
3. Kapitel:	Die exoterische Theorie des Atmens	25
4. Kapitel:	Die esoterische Theorie des Atmens	35
5. Kapitel:	Das Nervensystem	43
6. Kapitel:	Nasenatmen respektive Mundatmen	49
7. Kapitel:	Die vier Methoden des Atmens	57
8. Kapitel:	Wie des Yogi vollständiger Atem zu erlangen ist	67
9. Kapitel:	Der äußere Erfolg des vollständigen Atmens	73
10. Kapitel:	Einige Bruchstücke der Yogi-Weisheit	81
11. Kapitel:	Die sieben entwickelnden Übungen	87
12. Kapitel:	Sieben kleinere Übungen	95
13. Kapitel:	Vibration und Rhythmisches Atmen	101
14. Kapitel:	Tatsachen des psychischen Atmens	109
15. Kapitel:	Weitere Tatsachen des psychischen Atmens	121
16. Kapitel:	Spirituelles Atmen	135

Vorwort.

Das Zuviel und Zuwenig von den zwei Hauptfaktoren des Lebens: Atem und Diät wirkt bestimmend auf das Wohlbefinden des menschlichen Organismus ein. Zu den Kulturschätzen des indischen Volkes gehören jahrhundertlang erprobte Methoden die körperlichen Kräfte bis aufs äußerste zu steigern und zu beherrschen im Sinne der göttlichen Entwicklung des Menschengeschlechtes. Hochstehende indische Yogis unter anderen *Rama-Krischna* und *Swami Vivekananda* haben der westlichen Kulturwelt einen Teil der praktischen Vedānta-Lebenskunst übermittelt. Um wirklichen Nutzen aus den vorliegenden Übungen zu ziehen, sind folgende Regeln zu beobachten:

1) *Jedes Kapitel muss gründlich studiert werden. Alles Oberflächliche ist gerade bei dieser Wissenschaft zu vermeiden.*

2) *Jedes Kapitel muss gründlich verstanden sein, ehe eine neue Lektion begonnen wird.*

3) *Das körperliche Training muss im Einklang stehen mit der Bildung des Charakters und des auf das allgemeine Gute gerichteten Willens. Normaldauer der Übungen nicht länger als 3 Minuten.*

4) *Konzentration auf die vorgeschriebene Idee der Übung.*

»Ist der Chela bereit, so ist der Guru da«.

Die Entwicklung der Zivilisation beginnt mit kleinen Gebieten, Stadtgebieten. Sie schreitet über Gaue, über Länder vor, aus deren Zusammenschlüsse große Reiche entstehen. An den Grenzen dieser Reiche stoßen benachbarte Zivilisationen zusammen; sie verschmelzen untereinander und dehnen sich aus, einen breiten Gürtel rings um den Erdball bildend.

Hand in Hand mit der äußeren Zivilisation schreitet die geistige Kultur, und als ihre feinste Blüte sprosst die Weltweisheit aus dem wohl vorbereiteten Boden. Wie der Saturn von seinem Ring so ist die Zone materieller Zivilisation von einem Gürtel geistiger Kultur umgeben, der einen höheren Plan derselben darstellt.

In dem Werdegang folgt eine dritte Sphäre höchster Geistigkeit. Jahrtausende zurück liegen ihre Anfänge, doch ihre Träger, die Eingeweihten, waren zum Schweigen verpflichtet und durften ihre geheime Weisheit nur an Suchende weitergeben, die reif dafür waren. So entstanden und gediehen Schulen okkulter Weisheit, sie beeinflussten sich wohl gegenseitig, aber sie walteten und wirkten gesondert. Die örtlichen Lücken zwischen den Brennpunkten der Lehre wurden nicht ausgefüllt.

Die Anhänger Buddhas, die ägyptischen und chaldäischen Priester, die Kabbalisten, selbst noch Priester der westlichen Indogermanen vererbten geheime Weisheit von Priestergeschlecht zu Priestergeschlecht durch mündliche Überlieferung. Manche kostbare Wahrheit mag auf diese Weise verloren gegangen, mancher mystische Kult von volkstümlichen Lehren verdrängt worden sein, wie sie durch das Christentum und den Mohammedanismus die Massen ergriffen. Der Westen scheint einem Aufschwung des Okkultismus weniger günstig gewesen zu sein, als der phantasiereiche Orient. Weder die Sekte der Gnostiker noch auch die späteren Tempelherren oder die Rosenkreuzer und die höheren Freimaurerorden der neueren Zeit entsprechen den Geheimschulen des Ostens, die durch uralte Überlieferung getragen wurden. Einzelerscheinungen wie Merlin, Agrippa von Nettesheim, Faust, Paracelsus, Cagliostro werden verlacht oder derart mit Sagen umsponnen, dass es kaum möglich ist, den wahren Kern von der Schale lügenhafter Zutat zu scheiden.

Der Gegenwart war es vorbehalten, die okkulte Wissenschaft weiter auszubreiten und einen inneren Zusammenhang in allen Ländern der Erde zu schaffen. Das trostlose Zeitalter des Materialismus, der religiösen und geistigen Anarchie scheint von den führenden Geistern überwunden, als notwendige Reaktion folgt ihr der Höhenflug des Okkultismus und der Mystik. Die nach Idealen durstende Welt saugt begierig die Tropfen auf, die aus den Geheimschulen durchsickern, und lechzt nach neuer Labung. Die Wissenschaft selbst kommt ihrer metaphysischen Schwester auf halbem Wege entgegen, Phänomene wie Hypnotismus, Somnambulismus und Magnetismus, seinerzeit als Wunder angestaunt, gehören heute nicht mehr zu den okkulten, sondern zu den exakt wissenschaftlichen Fragen; Chemie und Physik erweitern durch Entdeckungen, wie die der Röntgenstrahlen und der Radio-Aktivität, die ans Mystische grenzen, ihr Gebiet. Sie erheben sich vom materiellen Versuch zu geistigen Höhen. Die durch die Lehre vom Greifbaren herangebildete Zeit verlangt auch für metaphysische Dinge den Beweis und sie wird ihn finden. So ist der Chela (Schüler) vorbereitet und der Guru (Lehrer) ist da.

Man wusste zwar schon von der Geheimlehre der Hindu durch Pythagoras, Bardesanes, [1]) einige Gnostiker und verschiedene Philosophen, wie den leuchtenden Turm der Gelehrsamkeit, Albiruni. [2]) Allein so recht in das Bewusstsein der Welt trat ihre Lehre erst durch die Taten der Engländer. Seit der Schlacht bei Plassey (1787) war halb Indien den Engländern anheimgefallen und nur wenige Jahrzehnte später schickten sich schon britische Forscher an, die indischen Schätze der Weisheit auszubeuten und auch für das Abendland nutzbar zu machen. Der Romantiker Friedrich Schlegel führte die Deutschen in das Studium jener Schätze ein. Jahrzehntelang tobte der Streit um den Wert der Hindu-Gedanken. Sehr bald aber erlangten diese einen maßgebenden Einfluss auf das deutsche wie überhaupt auf das europäische Geistesleben. — Wieder verfloss ein halbes Jahrhundert. —

Jetzt aber erkannten hervorragende Hindu die Zeit für gekommen, um mit ihren uralten Geheimlehren hervorzutreten und sie ihren »Brüdern im Westen« zugänglich zu machen. Die erwachte Kulturwelt verlässt vereint die Streitgebiete der Erde, um die Gefilde eines geahnten luftigen Reiches zu erforschen, Aviatik der Geister, die mit den physischen Flugversuchen parallel geht. Ein dritter, höherer Plan schließt sich zum Ring um die beiden anderen.

Den Verbreitern der indischen Lehren voran schreitet **Svami Vivekananda**, dem das vorliegende Werk von einem Yogi Rama-Krischna gewidmet ist. Der Yogi, ein Okkultist höchsten Wissens und tiefster Weisheit hält sich

---

1) Um 180 n. Chr.
2) Um 1000 nach Christi.

hinter seinen Schriften verborgen. Seine Werke sollen Jahrhunderte alte Weisheit reden, er selbst will schweigen. So ist es auch unmöglich, von dem Yogi biographische Daten zu erlangen.

Rama-Krischna in abgeklärter Weisheit sieht wohl ein, was von dem übersprudelnden Abendländer gern übersehen wird, dass körperliche und geistige Entwicklung miteinander Hand in Hand gehen müssen.

Der Abendländer neigt immer zu Extremen, eine Gruppe verpönt die Körperkultur als minderwertig und von höheren Dingen abziehend, die andere vernachlässigt die Geisteskultur und gibt sich in Sporten aller Art aus. Wenige Abendländer nur wissen das Gleichgewicht ihrer Kräfte zu gewinnen.

Die »Wissenschaft des Atmens« befasst sich mit einer vernünftigen Körperkultur, die durch richtiges Atmen erzielt wird. Die okkulte Grundlage, auf der die Schrift beruht, ist schon längst den Yogis der Hindu geläufig.

Rama-Krischna Lehren sind trotz ihrer Einfachheit, oder besser, infolge derselben von allseitiger Wirkung.

Er führt den Schüler, der sie treu ausübt, bis zu hohen Stufen erreichbarer Vollkommenheit. Aber es fordert verständnisvolle Arbeit, bis zu jenen höheren Graden vorzudringen; mancher Fehlgang mag die ersten Schritte begleiten und die Erfolge sind langsam und fast unmerklich. Plötzlich tritt die Tatsache über die Schwelle des Bewusstseins: die Macht über den Willen und die Beherrschung geistiger Heilformen ist errungen! Durch eine bloße Atmungsübung weichen Krankheit und Sorge, während die Umgebung noch mühselig ihrem Schnupfen mit Rezepten aus der lateinischen Küche beizukommen sucht.

So ist das Werk in Wahrheit »ein Geschenk an die westlichen Brüder« wie Yogi Rama-Krischna es will, und der Dank des Westens sei ihm in diesen Worten ausgesprochen.

Wien.

S. von der Wiesen.

1. Kapitel.

Salaam A-le-i-kum.
(Friede mit uns!)

Der Schüler des Westens ist zu einiger Verwirrung in seinen die Yogis und ihre Philosophie und Übungen betreffenden Ideen geneigt. Indienreisende haben viele Fabeln von den Horden von Fakiren, Bettelmönchen und Quacksalbern geschrieben, die die großen Heerstraßen und die Straßen der Städte unsicher machen und sich betrügerischerweise den Titel »Yogi« beilegen. Der Schüler des Westens ist kaum zu tadeln, wenn er den typischen Yogi sich als einen ausgemergelten, fanatischen, schmutzigen, unwissenden Hindu vorstellt, der entweder in einer bestimmten Stellung sitzt, bis sein Körper versteinert, oder etwa seine Arme in die Luft hält, bis sie steif und verwelkt werden, und dann für immer in dieser Stellung verbleibt, oder gar seine Fäuste ballt und zuhält, bis die Fingernägel durch den Handteller wachsen. Wohl gibt es solche Leute, das ist wahr; aber ihr Anspruch auf den Titel »Yogi« erscheint dem echten Yogi so absurd, wie dem berühmten Wundarzt der Anspruch eines Hühneraugenoperateurs auf den Titel »Doktor« oder wie dem Präsidenten von Havard oder Yale der Titel »Professor« vorkommt, den der Verkäufer von Wurmmitteln an der Straßenecke sich beilegt.

Durch lange Vergangenheiten sind in Indien und andern östlichen Ländern Männer aufgestanden, welche ihre Zeit und Aufmerksamkeit der physischen, mentalen und spirituellen Entwicklung der Menschheit geweiht haben. Generationen von ernsten Suchern haben Jahrhunderte hindurch ihre Erfahrungen von Lehrer auf Schüler übermittelt, und nach und nach eine klarbegrenzte Yogi-Wissenschaft aufgebaut. Diesen Forschungen und Lehren wurde endlich der Terminus »Yogi« beigelegt, der von dem Sanskritwort »Yug«, das heißt, »sich zusammenschließen« hergeleitet ist. Aus derselben Quelle stammt das englische Wort »Yoke«, (deutsch »Joch«), und hat auch gleichen Sinn. Sein Gebrauch in Verbindung mit diesen Lehren ist schwer zu bestimmen, da verschiedene Autoritäten verschiedene Erklärungen geben. Die genialste scheint mir die, welche es als das Hindu-Äquivalent für den englischen Ausdruck »Getting into harness« (im Geschirr gehen) oder »yoking up« (einspannen) betrachtet, da der Yogi bei seiner Aufgabe, den Körper und den Geist durch seinen Willen zu kontrollieren, offenbar »im Geschirr geht«.

YOGA, die Yogi-Weisheit, zerfällt in verschiedene Zweige, von der, die sich mit der Kontrolle des Körpers beschäftigt, beginnend bis hinauf zur Erlangung der höchsten spirituellen Entwicklung. Die vorliegende Arbeit wird nicht auf die höheren Phasen des Gegenstandes eingehen, außer dort, wo die Wissenschaft des Atmens daran streift. Die »Wissenschaft des Atmens« berührt Yoga an vielen Punkten und hat, obwohl sie sich hauptsächlich mit der Entwicklung und Kontrolle des Physischen beschäftigt, auch ihre psychische Seite, ja, sie dringt sogar auf das Gebiet der spirituellen Entwicklung ein.

In Indien gibt es große Schulen der Yoga, welche tausende der führenden Geister dieses großen Volkes umfassen. Für viele Menschen ist die Yoga-Philosophie Lebensregel. Immerhin werden aber die reinen Yogi-Lehren nur an wenige gegeben, und die Masse gibt sich mit den Brosamen zufrieden, die von den Tischen der gebildeten Klassen fallen. Die Gewohnheit des Orients ist in dieser Hinsicht der des Westens entgegengesetzt. Aber auch dort beginnen die westlichen Ideen schon einzudringen, und Lehren, die einstmals nur wenigen gegeben wurden, werden jetzt jedem angeboten, der bereit ist, sie aufzunehmen. Ost und West wachsen enger zusammen, und beide gewinnen dadurch, indem sie sich gegenseitig beeinflussen.

Dem Leser dieses Buches wird klar werden, warum die Hindu-Yogis sich seit jeher mit solcher Aufmerksamkeit der Wissenschaft des Atmens gewidmet haben. Viele Schriftsteller des Westens haben diese Phase der Yogi-Lehren berührt. Aber wir glauben, dass es dem Schreiber dieses Werkes vorbehalten war, dem Schüler des Westens in präziser Form und einfacher Sprache die grundlegenden Prinzipien von des Yogi »Wissenschaft des Atmens« in Verbindung mit vielen der beliebtesten Atmungsübungen und -methoden zu geben. Wir haben sowohl die Ideen des Westens als auch die des Ostens gegeben und zeigen, wie sie sich ineinander ergänzen. Wir haben die gebräuchlichen Termini angewendet und Sanskrit-Termini fast ganz vermieden, um den Durchschnittsleser des Westens nicht zu verwirren.

Der erste Teil des Buches ist der physischen Entwicklungsphase der Wissenschaft des Atmens gewidmet; dann werden die psychischen und mentalen Seiten in Betracht gezogen und schließlich die spirituelle Seite berührt.

Man möge uns verzeihen, dass wir so glücklich sind mit dem Erfolg, soviel Yogi-Weisheit in so wenigen Seiten zu kondensieren, und dies durch den Gebrauch von Worten und Wendungen, die jedermann verständlich sind! Wir fürchten nur, dass eben diese Einfachheit schuld ist, wenn einige sie als ihrer Aufmerksamkeit unwürdig übergehen und fortfahren, etwas »tiefes«, mysteriöses und unverständliches zu suchen. Immerhin! Der westliche Verstand ist eminent praktisch und wir wissen, dass es nur eine Frage kurzer Zeit ist, bis er die Ausführbarkeit dieses

Werkes erkennt.

    Wir grüßen unsere Schüler mit unserm tiefsten
            Salaam — Salaam — Salaam
und bitten sie, sich zu ihren ersten Lektionen in »des Yogi Wissenschaft des Atmens« bereit zu machen.

2. Kapitel.

»Atem ist Leben«.

Das Leben hängt vollständig von dem Akt des Atmens ab.
»Atem ist Leben«.

Über dieses grundlegende Prinzip stimmen der Orient und der Occident überein, wie immer sie auch sonst über Details der Theorie und Terminologie verschiedener Meinung sein mögen.

Atmen heißt leben und ohne Atem ist kein Leben. Nicht nur die höheren Tiere sind zur Erhaltung von lieben und Gesundheit auf das Atmen angewiesen, auch die niederen Formen animalischen Lebens müssen atmen, um zu leben und selbst die Pflanze braucht Luft, um weiterleben zu können.

Das Neugeborene zieht einen langen, tiefen Atemzug ein, hält ihn für einen Augenblick zurück, um ihm seine lebenspendenden Kräfte zu entziehen und atmet ihn dann mit einem langen Schrei aus und sich, sein Leben auf der Erde hat begonnen. Der sterbende Greis macht einen schwachen Atemzug, hört auf zu atmen und das Leben ist zu Ende. Vom ersten schwachen Atemzug des Säuglings bis zum letzten Atemzug des Sterbenden ist eine lange Reihe fortgesetzten Atmens. Leben ist nur eine Kette von Atemzügen.

Das Atmen kann als die wichtigste von allen körperlichen Funktionen angesehen werden. Alle andern Funktionen hängen tatsächlich davon ab. Der Mensch kann einige Zeit leben ohne zu essen; kürzer schon ohne zu trinken; aber ohne zu atmen ist seine Existenz höchstens auf ein paar Minuten bemessen.

Das Leben hängt aber nicht allein vom Atmen ab, sondern die richtige Weise zu atmen ist für dauernde Gesundheit und Vitalität ausschlaggebend. Eine intelligente Kontrolle unsrer Atemkraft wird unsere Erdentage verlängern, indem sie uns erhöhte Lebenskraft und Widerstandsfähigkeit verleiht. Anderseits wird unintelligentes und leichtfertiges Atmen darauf hinzielen, unsere Tage zu verkürzen, da es unsere Lebenskraft herabsetzt und uns Krankheiten zugänglich macht.

In seinem Normalzustand braucht der Mensch keine Anweisung zum Atmen. Wie das niederere Tier und das Kind atmete er natürlich und richtig, nach der Absicht der Natur. Aber die Zivilisation hat ihn in dieser und in anderen Hinsichten verändert. Er hat ungeeignete Methoden zu gehen, zu stehen und zu sitzen angenommen, die ihn seines Geburtsrechtes, natürlich und korrekt zu atmen, beraubt haben. Er hat für die Zivilisation einen hohen Preis gezahlt. Der Wilde unserer Tage atmet richtig bis er durch die Gewohnheiten des Zivilisierten verseucht worden ist.

Der Prozentsatz von zivilisierten Menschen, die richtig atmen, ist ganz gering und das Resultat zeigt sich in Engbrüstigkeit und gebeugten Schultern und erschreckender Zunahme von Erkrankungen der Atmungsorgane inklusive dieses gefürchteten Scheusals Schwindsucht, »der weißen Geißel«. Hervorragende Autoritäten haben konstatiert, dass eine Generation von korrekten Atmern die ganze Rasse regenerieren würde, und die Krankheiten so selten würden wie Kuriositäten. Ob vom westlichen oder örtlichen Standpunkt: der Zusammenhang zwischen korrekter Atmung und Gesundheit ist leicht zu sehen und zu erklären.

Die Lehren des Occidents zeigen, dass die physische

Gesundheit in ganz materieller Weise von der Korrektheit des Atmens abhängig ist. Die Lehrer des Orients nehmen nicht nur an, dass ihre westlichen Brüder recht haben, sondern sagen, dass außer den physischen Segnungen die aus korrekten Atemgewohnheiten entspringen, der Mensch seine mentale Kraft, sein Glück, seine Selbstkontrolle, seine Hellsichtigkeit, seine Moral und sogar sein spirituelles Wachstum durch das Verständnis der »Wissenschaft des Atmens« vermehren kann. Auf dieser Wissenschaft sind ganze Schulen der orientalischen Philosophie gegründet worden, und unter den Rassen des Westens wird diese Weisheit Wunder verrichten, wenn sie sie ergreifen und praktisch auswerten, worin ihre Stärke liegt. Die Theorie des Ostens vermählt mit der Praxis des Westens wird würdige Nachkommenschaft erzeugen.

Dieses Werk wird des Yogi »Wissenschaft des Atmens« aufnehmen, die nicht nur alles, was dem westlichen Physiologen und Hygieniker bekannt ist, sondern auch die okkulte Seite des Gegenstandes umfasst. Es weist nicht nur den Weg zu physischer Gesundheit entlang den Grenzen dessen, was von westlichen Wissenschaftlern »Tiefatmen« genannt wurde, sondern es geht in die weniger bekannten Phasen des Gegenstandes ein und zeigt, wie der Hindu-Yogi seinen Körper kontrolliert, seine mentalen Fähigkeiten vermehrt und die spirituelle Seite seiner Natur durch die »Wissenschaft des Atmens« entwickelt.

Der Yogi führt Übungen aus, durch die er Herrschaft über seinen Körper erlangt und befähigt wird, jedem Organ einen vermehrten Strom von Lebenskraft oder Prana zu senden und es dadurch zu stärken und zu kräftigen.

Er weiß alles, was sein wissenschaftlicher Bruder aus dem Westen über die physiologischen Effekte des korrekten Atmens weiß, aber er weiß auch, dass die Luft mehr als Sauerstoff und Wasserstoff und Stickstoff enthält und dass etwas mehr vor sich geht als die bloße Sauerstoff Versorgung des Blutes.

Er weiß einiges über »Prana«, worin sein westlicher Bruder unwissend ist, und ist sich der Natur und Behandlungsweise dieses großen Energieprinzips mit all seinen Wirkungen auf den menschlichen Körper und Geist voll bewusst.

Er weiß, dass man sich durch rhythmisches Atmen in harmonische Schwingungen mit der Natur bringen und der Entfaltung seiner latenten Kräfte behilflich sein kann.

Er weiß, dass er durch kontrolliertes Atmen nicht nur sich selbst und andere heilen, sondern auch Furcht, Kummer und niedere Regungen beseitigen kann.

Dies zu lehren ist der Zweck dieses Werkes. Wir werden in wenigen Kapiteln genaue Erklärungen und Anleitungen geben, die auf Bände ausgedehnt werden könnten. Wir hoffen, dem Geist der westlichen Welt des »Yogi Wissenschaft des Atmens« zu erschließen.

3. Kapitel.

Die exoterische Theorie des Atmens.

In diesem Kapitel wollen wir in kurzem die Theorien der wissenschaftlichen Welt des Westens auseinandersetzen, was für Funktionen die Atmungsorgane haben, und die Rolle behandeln, die die Atmung in der Ökonomie des menschlichen Körpers spielt. In folgenden Kapiteln wollen wir Theorien und bewiesene Tatsachen hinzufügen, die orientalische Schulen ausgeforscht und überdacht haben. Der Orientale akzeptiert die Theorien und Tatsachen seiner westlichen Brüder, (die ihm seit Jahrhunderten bekannt sind) und fügt viel hinzu, was die letzteren jetzt nicht annehmen, dass sie aber zur rechten Zeit »entdecken« und mit neuen Namen versehen, der Welt als große Wahrheit vermitteln werden.

Bevor wir die westliche Idee aufgreifen, ist es vielleicht besser, eine flüchtige allgemeine Übersicht über die Respirationsorgane zu geben.

Die Atmungsorgane bestehen aus der Lunge und aus den zu dieser führenden Luftwegen. Die Lunge besteht aus zwei Lungenflügeln und nimmt den Brustkorb ein, und zwar je einer an jeder Seite der Körpermitte; sie werden durch das Herz, die größeren Blutgefäße und die größeren Luftwege getrennt. Jeder Lungenflügel ist nach allen Richtungen frei, nur nicht an der Basis, welche hauptsächlich aus den Bronchien, Arterien und Adern besteht, die die Verbindung der Lunge mit den Tracheen und dem Herzen herstellen. Die Lunge ist ein schwammiges und poröses Organ, und ihr Gewebe ist sehr elastisch. Sie ist von einem zart konstruierten, aber starken Sack umgeben, der uns unter dem Namen Rippenfell bekannt ist. Die eine

Wand desselben hängt dicht mit der Lunge zusammen, die andere mit der inneren Wand der Brust, und es sondert eine Flüssigkeit ab, die das gegenseitige Gleiten der Wände bei der Atmung erleichtert.

Die Luftwege bestehen aus dem Inneren der Nase, aus Rachen, Kehlkopf, Luftröhre und Bronchien. Wenn wir atmen, ziehen wir die Luft durch die Nase ein. Dort wird sie durch den Kontakt mit den Schleimhäuten, die reichlich mit Blut versehen sind, erwärmt, und kommt, nachdem sie Rachen und Kehlkopf passiert hat, in die Luftröhre, die sich in zahlreiche Röhren, Bronchien genannt, verzweigt. Diese ihrerseits spalten sich und endigen in winzige Unterabteilungen, in allen kleinen Räumen der Lunge, deren sie Millionen enthält. Ein Schriftsteller hat konstatiert, dass die Luftzellen der Lunge, über eine ununterbrochene Oberfläche ausgebreitet, einen Flächenraum von vierzehntausend Quadratfuß einnehmen würden.

Die Luft wird in die Lunge durch die Tätigkeit des Zwerchfells gezogen, das ein großer, starker, flacher, segelgleicher Muskel ist und sich quer über die Brust erstreckt, indem er den Brustkasten von der Bauchhöhle trennt. Die Tätigkeit des Zwerchfells ist fast so automatisch wie die des Herzens, obwohl es durch eine Willensanstrengung in einen halbwillkürlichen Muskel verwandelt werden kann. Wenn es sich ausdehnt, vergrößert es Lunge und Brust und die Luft stürzt in das so geschaffene Vakuum. Wenn es sich zusammenzieht, ziehen sich Brust und Lunge auch zusammen und die Luft wird aus der Lunge ausgestoßen.

Bevor wir nun betrachten, was mit der Luft in der Lunge geschieht, wollen wir uns ein wenig mit der Tatsache der Blutzirkulation befassen. Wie man weiß, wird das Blut durch das Herz und durch die Adern in die Kapillargefäße getrieben und erreicht so jeden Teil des Körpers um ihn zu beleben, zu ernähren und zu stärken. Dann kehrt es über die Kapillargefäße auf einem anderen Weg, den Venen, zum Herzen zurück, von wo es zu den Lungen gezogen wird.

Das Blut beginnt seine Arterienreise hellrot und reich beladen mit lebenspendenden Eigenschaften. Es kehrt durch die Venen arm, blau und schwer zurück, und ist bis zum Übermaß mit den Abfällen des Systems beladen. Es zieht aus wie ein frischer Bergstrom. Es kehrt wie ein Strom von Spülwasser zurück. Dieser besudelte Strom geht zur rechten Vorkammer des Herzens. Wenn diese Vorkammer angefüllt ist, zieht sie sich zusammen und zwingt den Blutstrom, durch eine Öffnung in die rechte Herzkammer zu dringen, die ihn ihrerseits zu den Lungenflügeln schickt. Dort wird er durch Millionen von haarfeinen Blutgefäßen in die Luftwege der Lunge verteilt, von denen wir gesprochen haben. An diesem Punkte wollen wir die Geschichte der Lunge wiederaufnehmen.

Der verdorbene Blutstrom wird nun über die Millionen winziger Luftzellen in der Lunge verteilt. Ein Atemzug wird eingezogen, er dringt durch die dünnen Wände der haarfeinen Lungenblutgefäße in das unreine Blut ein. Diese Wände sind dick genug, um das Blut zu halten, aber dünn genug, um dem Sauerstoff Durchgang zu gestatten. Wenn der Sauerstoff in Verbindung mit dem Blut kommt, findet eine Art von Verbrennung statt. Das Blut nimmt den Sauerstoff auf und setzt Kohlensäuregas ab, das aus den von allen Teilen des Organismus aufgenommenen Abfallsprodukten und Giftstoffen entstanden ist. Das so gereinigte und mit Sauerstoff versorgte Blut wird zum Herzen zurückgeführt und ist wieder hell und reich mit lebenspendenden Eigenschaften beladen. Nachdem es die linke

Vorkammer erreicht hat, wird es in die linke Herzkammer gepresst, von wo es durch die Arterien wieder auf seine Lebensmission durch den ganzen Körper gezwungen wird. Man schätzt, dass in einem einzigen Tag von 24 Stunden 35000,— Pinten Blut die Kapillarien der Lunge passieren, wobei die Blutkörperchen im Gänsemarsch durchziehen und an beiden Seiten ihrer Oberfläche dem Sauerstoff der Luft ausgesetzt werden. Wer die einzelnen Details des erwähnten Vorgangs betrachtet, muss sich in Bewunderung über die unendliche Sorgfalt und Intelligenz der Natur verlieren.

Es ist klar, dass der schlechte Strom von Venenblut nicht gereinigt werden kann und infolgedessen der Körper nicht nur seiner Nahrung beraubt wird, sondern dass auch die Abfallsprodukte, die hätten zerstört werden sollen, in die Zirkulation zurückgeführt werden und das System vergiften, was den Tod zur Folge hat, wenn nicht frische Luft in hinreichender Quantität die Lunge erreicht. Unreine Luft wirkt in derselben Weise vergiftend, nur in vermindertem Grade. Es ist auch klar, dass die Arbeit des Blutes nicht richtig vor sich gehen kann, wenn man nicht eine genügende Menge frischer Luft einatmet, und das Resultat ist, dass der Körper ungenügend ernährt wird und erkrankt, dass zum mindesten ein schlechter Gesundheitszustand die Folge ist. Das Blut von jemandem, der schlecht atmet, ist infolgedessen blaugefärbt und dunkel, es entbehrt der reichen Röte des reinen Arterienblutes. Dies führt oft zu einer schlechten Gesichtsfarbe. Richtiges Atmen und in der Folge eine gute Zirkulation zeigt sich in einer hellen leuchtenden Gesichtsfarbe.

Etwas Überlegung wird die vitale Wichtigkeit des richtigen Atmens zeigen. Wenn das Blut durch den Wiedererneuerungsprozess der Lunge nicht vollständig gereinigt wird, kehrt es zu den Arterien in einem abnormalen Zustand zurück, ist ungenügend geläutert und unvollständig von den Unreinheiten befreit, die es auf seiner Rückreise aufgenommen hat. Diese Unreinheiten äußern sich bestimmt in der Form von Unpässlichkeiten, wenn sie in das System zurückgeführt werden; entweder in der Form einer Bluterkrankung oder irgendeiner Krankheit, die aus den beeinträchtigten Funktionen eines ungenügend ernährten Organes oder Gewebes hervorgeht.

Wenn das Blut der Luft in der Lunge angemessen ausgesetzt wird, wird es nicht nur von allen Unreinheiten befreit und sondert das schädliche Kohlensäuregas ab, sondern es absorbiert auch eine gewisse Menge Sauerstoff und trägt sie zu allen Teilen des Körpers, wo sie gebraucht wird, damit die Natur ihre Prozesse ordentlich verrichten kann. Wenn der Sauerstoff mit dem Blut in Berührung kommt, verbindet er sich mit dem Hämoglobin des Blutes und wird jeder Zelle, jedem Gewebe, jedem Muskel und jedem Organ zugeführt, um sie zu kräftigen und zu stärken, und die abgenutzten Zellen und Gewebe durch neues Material zu ersetzen, das die Natur zu ihrem Gebrauch bestimmt hat. Arterienblut, der Luft richtig ausgesetzt, enthält etwa 25% freien Sauerstoff.

Es wird nicht nur jeder Teil des Körpers durch den Sauerstoff belebt, auch der Verdauungsprozess hängt wesentlich von einem gewissen Quantum der Oxydation der Nahrungsmittel ab, und dies kann nur dadurch geschehen, dass der Sauerstoff des Blutes mit den Nahrungsmitteln in Berührung kommt und eine Art von Verbrennung erzeugt. Daher muss eine gehörige Menge Sauerstoff durch die Lunge aufgenommen, werden. Daraus erhellt die Tatsache, dass schwache Lunge und schlechte Verdauung so oft Hand in Hand gehen. Um die volle Bedeutung dieser Tatsache zu erfassen, muss man sich nur ins Gedächtnis rufen, dass der ganze Körper von der assimilierten Nahrung lebt und dass unvollkommene Assimilation immer mit einem schlecht ernährten Körper gleichbedeutend ist. Die Lunge selbst hängt von derselben Ernährungsquelle ab, und wenn durch unvollkommenes Atmen die Assimilation auch unvollkommen wird, erleidet die Lunge ihrerseits eine Schwächung und wird noch weniger geeignet, ihre Arbeit ordentlich zu verrichten. So wird der Körper noch weiter geschwächt. Jedes Partikelchen der Speisen und Getränke muss oxydiert werden, bevor es uns die nötige Nahrung abtreten kann, und bevor die Abfallsprodukte des Systems in den richtigen Zustand kommen, um aus dem System ausgeschieden zu werden. Mangel an genügendem Sauerstoff bedeutet ungenügende Ernährung, ungenügende Ausscheidung und ungenügende Gesundheit. Wahrhaftig: »Atem ist Leben«!

Die Verbrennung, die durch den Wechsel in den Abfallsprodukten entsteht, erzeugt Wärme und gleicht die Temperatur des Körpers aus. Gute Atmer können sich nicht »verkühlen«, und haben gewöhnlich viel gutes warmes Blut, das sie gegen Temperaturveränderungen stählt.

Zu dem obenerwähnten wichtigen Prozess kommt noch hinzu, dass die Tätigkeit des Atmens den inneren Organen und Muskeln Übung gibt; diese Seite wird von denen, die im Westen über diesen Gegenstand schreiben, gewöhnlich übersehen, aber vom Yogi voll gewürdigt.

Bei unvollkommenem oder seichtem Atmen kommt nur ein Teil der Lunge in Tätigkeit, ein großer Teil der Lungenkapazität geht verloren und das System leidet gleicherweise unter diesem Mangel an Oxydation.

Die niederen Tiere in ihrem Naturzustand atmen natürlich, unzweifelhaft tat dies auch der Ur-Mensch.

Die abnorme Lebensweise, die durch den Zivilisationsmenschen angenommen wurde, — der Schatten, der auf die Zivilisation fällt — hat uns der natürlichen Gewohnheit des Atmens beraubt, und die Rasse hat darunter außerordentlich gelitten.

Die einzige physische Rettung des Menschen ist: zur Natur zurück.

4. Kapitel.

Die esoterische Theorie des Atmens.

Die Wissenschaft des Atmens hat, wie viele andere Lehren, ihre esoterische oder innerliche Phase so gut wie ihre exoterische oder äußerliche. Den physiologischen Teil kann man die äußerliche oder exoterische Seite des Gegenstandes nennen, und den Teil, den wir jetzt in Betracht ziehen werden, seine innerliche oder esoterische Seite. Die Okkultisten aller Zeiten und Länder lehrten von jeher (gewöhnlich nur im Geheimen einigen Anhängern), dass sich in der Luft eine Substanz oder ein Prinzip findet, von dem alle Tätigkeit, alle Vitalität und alles Leben herrührt. Sie unterschieden sich in ihren Termini und Namen für diese Kraft, auch in den Details der Theorie, aber das Hauptprinzip kann man in allen okkulten Lehren und Philosophien finden. Es bildete Jahrhunderte lang einen Teil der orientalischen Yogi-Lehren.

Um Missdeutungen zu vermeiden, die den unterschiedlichen Theorien über dieses große Prinzip entspringen, (Theorien, die sich gewöhnlich an irgendeinem dem Prinzip gegebenen Namen knüpfen,) werden wir in dem vorliegenden Werk von diesem Prinzip als »**Prana**« [1]) sprechen. Dies ist der Sanskrit-Terminus und bedeutet »Absolute Energie«. Viele okkulte Autoritäten lehren, dass das Prinzip, von den Hindus »Prana« genannt, das Universalprinzip der Kraft ist und dass alle Energie von diesem Prinzip herrühre, oder besser gesagt, eine besonde-

---

1) Anmerkung Prana bedeutet dasselbe wie das Zendwort Ga-Lama. Näheres siehe: Die Zeitschrift Prana, Zentralorgan für praktischen Okkultismus.

re Manifestation dieses Prinzips sei. Diese Theorien kümmern uns bei der Behandlung unseres Gegenstandes nicht. Darum werden wir uns darauf beschränken, Prana als das Energieprinzip zu verstehen, das sich in allen Lebewesen äußert und sie von den leblosen Dingen unterscheidet. Wir können es als das wirksame Lebensprinzip betrachten, als die Vitalkraft, wenn man will. Es wird in allen Lebensformen gefunden, von der Amöbe bis zum Menschen — von der elementarsten Form des Pflanzenlebens bis zur höchsten Form des tierischen Lebens. **Prana** durchdringt alles. Es ist in allen Dingen, die Leben haben. Und da die okkulte Philosophie lehrt, dass überall, in jedem Atom, Leben ist, dass die anscheinende Leblosigkeit einiger Dinge nur ein geringerer Grad von Lebensäußerung ist, verstehen wir ihre Lehre, dass Prana überall ist, in jedem Ding. Prana darf nicht mit dem »Ego« verwechselt werden, diesem Teil des göttlichen Geistes in jeder Seele, um den sich Materie und Kraft anhäuft. Prana ist nur eine Form der Energie, die das Ego bei seiner materiellen Manifestation anwendet. Wenn das Ego den Körper verlässt, entspricht das Prana, das nicht mehr länger unter seiner Aufsicht ist, nur der Ordnung der Atome oder Atomgruppen, die den Körper bilden, und da der Körper sich zersetzt und in seine ursprünglichen Elemente zurückkehrt, nimmt jedes Atom genügend Prana mit sich, um ihm die Bildung neuer Kombinationen zu ermöglichen, das unbenutzte Prana aber kehrt in das große universelle Vorratshaus zurück, von wo es gekommen ist. Wo das Ego die Aufsicht hat, ist Zusammenhang und die Atome werden durch den Willen des Ego zusammengehalten.

Prana ist der Name, durch den wir ein Universalprinzip bezeichnen, und dieses Prinzip ist die Quintessenz aller Bewegung, Kraft oder Energie, ob sie sich nun als Gravitation, als Elektrizität, als Revolution der Planeten äußert oder als irgendeine Lebensform von der höchsten bis zur niedrigsten. Man kann es die Seele der Kraft und Energie in allen ihren Formen nennen, und das Prinzip, das, in gewisser Weise wirkend, alle Tätigkeitsform verursacht, die den Lebensprozess begleitet.

Dieses große Prinzip ist in allen Formen der Materie und dennoch ist es nicht Materie. Es ist in der Luft, aber es ist nicht Luft, noch irgendeine ihrer chemischen Bestandteile. Tier- und Pflanzenwelt atmet es mit der Luft ein, ja, wenn die Luft es nicht enthielte, würden sie sterben, und wenn man sie ganz mit Luft anfüllte. Es wird durch das System mit dem Sauerstoff aufgenommen und doch ist es nicht Sauerstoff. Der hebräische Verfasser der Genesis kannte den Unterschied zwischen der atmosphärischen Luft und dem geheimnis- und machtvollen Prinzip, das darin enthalten ist. Er spricht von »*neshemet ruach chayim*«, was in der Übersetzung bedeutet »der Atem des Lebensgeistes«. Im Hebräischen bedeutet »*neshemet*« den gewöhnlichen Atem der atmosphärischen Luft, »*chayim*« bedeutet Leben, während das Wort »mach« den »Geist des Gebens« bedeutet, was von den Okkultisten als dasselbe, was wir unter Prana verstehen, angesprochen wird.

Prana ist in der atmosphärischen Luft, aber es ist auch anderswo, und es dringt auch dort ein, wohin die atmosphärische Luft nicht kommt. Der Sauerstoff der Luft spielt eine wichtige Rolle in der Erhaltung des tierischen Lebens, und der Kohlenstoff spielt eine gleiche in der Erhaltung des Pflanzenlebens, aber Prana hat seine besondere Mission in der Lebensbetätigung zu spielen, abseits von den physiologischen Funktionen.

Wir atmen beständig die mit Prana erfüllte Luft ein und entziehen es ihr beständig, um es unseren Bedürfnissen anzupassen. Prana wird in der freiesten Form in der atmosphärischen Luft gefunden, die reich damit beladen ist, wenn sie frisch ist, und wir entziehen es der Luft leichter als irgendeiner anderen Quelle. Beim gewöhnlichen Atmen absorbieren wir und entziehen wir eine normale Zufuhr von Prana, aber beim kontrollierten und regulierten Atmen (gewöhnlich als Yogi-Atmen bekannt) sind wir imstande, eine größere Zufuhr zu entziehen, die im Gehirn und in den Nervenzentren bereit zum eventuellen Gebrauch aufgestapelt wird. Wir können Prana so aufstapeln, wie die Akkumulatoren Elektrizität aufspeichern. Die mannigfaltigen Kräfte, die vorgeschrittenen Okkultisten vielfach zugeschrieben werden, schulden sie im weitesten Umfang ihrer Kenntnis dieser Tatsache und dem intelligenten Gebrauche, den sie von der aufgestapelten Energie machen. Der Yogi weiß, dass er durch einige Formen des Atmens bestimmte Relationen mit der Zufuhr von Prana herstellt, und davon schöpfen kann, wofür er es braucht. Auf diese Weise stärkt er nicht nur alle Teile seines Körpers, auch das Gehirn bezieht von derselben Quelle erhöhte Energie, latente Fähigkeiten werden entwickelt und psychische Fähigkeiten erlangt. Ein Mensch, der die Wissenschaft, Prana aufzuspeichern, beherrschen gelernt hat, sei es bewusst oder unbewusst, strahlt oft Lebenskraft und Stärke aus, und alle fühlen es, die mit ihm in Verbindung kommen. Ein solcher Mensch kann seine Stärke anderen übertragen und ihnen erhöhte Lebenskraft und Gesundheit geben. Was man »magnetisches Heilen« nennt, wird auf diese Weise ausgeführt, obschon viele, die es tun, sich der Quelle ihrer Kraft nicht bewusst sind.

Es hat westliche Forscher gegeben, die sich des Vorhandenseins dieses großen Prinzips, mit dem die Luft beladen ist, dunkel bewusst waren; aber da sie keine chemische Spur desselben fanden, noch auch es auf ihren Instrumenten registrieren konnten, haben sie diese orientalische Theorie gewöhnlich mit Verachtung behandelt. Sie konnten das Prinzip nicht erklären und darum leugneten sie es. Trotzdem scheint es, als ob sie erkennen würden, dass die Luft mancherorts ein größeres Quantum von »etwas« besitzt und die Ärzte schicken kranke Leute an solche Orte, damit sie ihre verlorene Gesundheit wiedergewinnen.

Den Sauerstoff der Luft eignet sich das Blut an und verwendet es im Zirkulationssystem. Das Prana eignet sich das Nervensystem an und verwendet es zu seinen Zwecken. Und wie das sauerstoffbeladene Blut in alle Teile des Systems getragen wird und dort aufbaut und ausfüllt, wird das Prana in alle Teile des Nervensystems getragen und vermehrt dort Kraft und Vitalität. Wenn wir uns Prana als das tätige Prinzip dessen vorstellen, was wir »Vitalität« nennen, werden wir uns einen viel richtigeren Begriff davon machen, was für eine wichtige Rolle es in unserem Leben spielt. Sowie der Sauerstoff des Blutes durch die Bedürfnisse des Organismus aufgebraucht wird, so wird das durch das Nervensystem aufgenommene Prana durch unser Denken, Wollen, Handeln erschöpft. Daher ist unaufhörliche Erneuerung nötig. Jeder Gedanke, jede Handlung, jede Willensanstrengung, jede Muskelbewegung verbraucht einen gewissen Prozentsatz dessen, was wir Nervenkraft nennen, was aber tatsächlich nur eine Form von Prana ist. Um einen Muskel zu bewegen, sendet das Gehirn einen Impuls über die Nerven, der Muskel zieht sich zusammen, und so viel Prana wird verbraucht. Wenn wir uns erinnern, dass der größte Teil des Prana von uns aus der Luft übernommen wird, wird uns die Wichtigkeit des richtigen Atmens leicht begreiflich werden.

5. Kapitel.

Das Nervensystem.

Es ist bemerkenswert, dass die wissenschaftlichen Theorien des Westens, die sich mit dem Atmen befassen, sich auf die Wirkungen der Sauerstoffaufnahme und deren Funktion im Zirkulationssystem beschränken, während die Yogi-Theorie auch die Aufnahme von Prana und seine Betätigung auf dem Wege des Nervensystems in Betracht zieht. Bevor wir fortfahren, ist es angezeigt, einen flüchtigen Blick auf das Nervensystem zu werfen.

Das Nervensystem des Menschen wird in zwei große Systeme eingeteilt, nämlich das Gehirn-Rückenmark-System und das sympathische System. Das Gehirn-Rückenmark-System besteht aus all jenen Teilen des Nervensystems, die in der Schädelhöhle und in der Wirbelsäule enthalten sind, nämlich dem Gehirn und dem Rückenmark, und allen Nerven, die davon abzweigen. Dieses System beherrscht die Funktionen des animalischen Lebens, wie Willenstätigkeit und Empfindung etc. Das sympathetische System schließt alle jene Teile des Nervensystems ein, deren Sitz hauptsächlich Brust- und Bauchhöhle und Becken ist, und die zu den inneren Organen führen. Es hat die Aufsicht über die unwillkürlichen Prozesse, als Wachstum, Ernährung etc.

Das Zerebro-Spinal-System beaufsichtigt das Sehen, das Hören, den Geschmack, den Geruch, das Gefühl. Es ist der Vermittler der Bewegung. Das Ego bedient sich seiner, um zu denken, das Bewusstsein zu betätigen. Es ist das Instrument, mit dessen Hilfe das Ego mit der Außenwelt verkehrt. Dieses System kann mit einer Telegraphenleitung verglichen werden, wobei das Gehirn das Hauptzentrum, das Rückenmark und die Nerven dementsprechend die Kabel und Drähte vorstellen.

Das Gehirn ist eine große Masse von Nervengeweben und besteht aus drei Teilen, nämlich dem Großgehirn, das den oberen, vorderen, mittleren und rückwärtigen Teil des Schädels einnimmt, dem Kleingehirn, das die tieferen und rückwärtigen Teile des Schädels erfüllt, und dem verlängerten Mark, das der verbreiterte Beginn des Rückenmarks ist und vor dem Kleingehirn liegt.

Das Großgehirn ist das Organ jenes Teils des Geistes, der sich in intellektuellen Handlungen äußert. Das Kleingehirn reguliert die Bewegungen der willkürlichen Muskeln. Das verlängerte Mark ist das obere verbreiterte Ende des Rückenmarks. Von ihm und dem Großgehirn zweigen die Schädelnerven ab, welche zu verschiedenen Teilen des Kopfes, zu den Sinnesorganen, zu einigen Organen der Brust- und Bauchhöhle und den Atmungsorganen gehen.

Das Rückenmark füllt den Rückenmarkskanal der Wirbelsäule aus. Es ist eine lange Masse von Nervengeweben, die bei den verschiedenen Rückenwirbeln zu Nerven nach allen Teilen des Körpers abzweigen. Das Rückenmark ist ein großes Telefonkabel und die abzweigenden Nerven sind die damit verbundenen Privatdrähte.

Das sympathetische Nervensystem besteht aus einer Doppelkette von Ganglien, zu beiden Seiten der Wirbelsäule und aus verstreuten Nerven in Kopf, Hals, Brust und Bauch. (Ein Ganglion ist eine Masse aus Nervenmaterie und umschließt Nervenzellen.) Diese Ganglien sind untereinander durch Netzwerk verbunden und stehen auch mit dem Zerebro-Spinal-System durch motorische und sensorische Nerven in Verbindung. Von diesen Ganglien zweigen zahlreiche Fibern zu den Organen des Körpers, zu Blutgefäßen etc. ab. An verschiedenen Stellen vereinigen sich die Nerven und bilden, was man »Geflecht« oder »Plexus« nennt. Das sympathetische System hat die praktische Aufgabe, die unwillkürlichen Prozesse, wie Zirkulation, Atmung, Verdauung zu regeln.

Die Kraft, welche vom Gehirn aus durch die Nerven nach allen Teilen des Körpers vermittelt wird, ist der Wissenschaft des Westens als »Nervenkraft« bekannt, der Yogi aber weiß, dass sie eine Manifestation des Prana ist. An Charakter und Schnelligkeit gleicht sie dem elektrischen Strom. Ohne diese »Nervenkraft« kann das Herz nicht schlagen, das Blut kann nicht zirkulieren, die Lunge kann nicht atmen, die verschiedenen Organe können nicht funktionieren.

Alles in allem: die Maschinerie des Körpers steht ohne sie still.

Noch mehr, das Gehirn kann nicht denken, ohne dass Prana gegenwärtig sei. Zieht man diese Tatsachen in Betracht, so muss die Wichtigkeit der Aufnahme von Prana jedermann offenbar werden, die Wissenschaft des Atmens gewinnt eine noch größere Wichtigkeit, als sie ihr von der westlichen Weisheit zugestanden wird.

In einem wichtigen Teil des Nervensystems geht die Yogi-Lehre weiter als die Wissenschaft des Westens. Wir spielen auf jenen Teil an, den die westliche Wissenschaft das »Sonnengeflecht« oder den »Solarplexus« nennt und den sie nur als eines jener Geflechte ansieht, die die sympathischen Nerven mit ihren Ganglien bilden und die in verschiedenen Teilen des Körpers gefunden werden. Die Yogi-Wissenschaft lehrt, das dieser Teil tatsächlich einer der wichtigsten Teile des Nervensystems ist, sogar eine Art von Gehirn, und in der menschlichen Ökonomie eine der Hauptrollen spielt. Die westliche Weisheit scheint sich nach und nach dieser Ansicht zu nähern, die den Yogis des

Osten schon seit Jahrhunderten bekannt ist, und einige der neuesten westlichen Autoren haben den Solarplexus das »Gehirn des Unterleibs« genannt. Der Solarplexus liegt in der oberen Bauchhöhle gerade hinter der »Spitze des Magens« zu beiden Seiten der Wirbelsäule. Er besteht aus weißer und grauer Gehirnmasse, der gleich, aus welcher die anderen Gehirne des Menschen bestehen. Er hat die Aufsicht über die wichtigsten inneren Organe des Menschen und spielt eine weit wichtigere Rolle, als gewöhnlich anerkannt wird. Wir wollen in die Yogi-Theorie nicht weiter eindringen und uns darauf beschränken zu sagen, dass sie weiß, der Solarplexus sei einer der wichtigsten Speicher von Prana. Es ist bekannt, dass Menschen durch einen starken Schlag auf den Solarplexus augenblicklich getötet wurden, und Preisfechter kennen seine Empfindlichkeit und lähmen ihre Gegner zeitweise oft durch einen Schlag auf diesen Teil des Körpers.

Den Namen »Solar« führt dieses »Gehirn« mit Recht, denn es strahlt Stärke und Energie nach allen Teilen des Körpers aus, selbst das obere Gehirn hängt sehr von seinem Vorrat an Prana ab. Früher oder später wird die westliche Wissenschaft diese wesentliche Funktion des Solarplexus voll anerkennen und ihm in ihren Büchern und Lehren einen weit wichtigeren Platz einräumen, als er bis jetzt innehatte.

6. Kapitel.
Nasenatmen respektive Mundatmen.

Eine der ersten Lektionen in des Yogi »Wissenschaft des Atmens« ist, dass man lernen muss, durch die Nase zu atmen und die allgemeine Gewohnheit des Mundatmens zu überwinden.

Der Atmungsorganismus des Menschen ist so konstruiert, dass er sowohl durch die Nase als auch durch den Mund atmen kann, aber es ist für ihn von vitaler Wichtigkeit, welcher derselben er folgt, denn die eine bringt Gesundheit und Stärke, die andere hingegen Krankheit und Schwäche.

Es sollte unnötig sein, den Schüler aufmerksam zu machen, dass die einzig richtige Methode zu atmen die ist, den Atem durch die Nasenlöcher einzuziehen. Aber ach! es ist zum Erstaunen, wie unwissend der zivilisierte Mensch dieser einfachen Tatsache gegenüber steht. Wir finden, dass Leute in allen Lebensstellungen gewohnheitsmäßig durch den Mund atmen und ihren Kindern erlauben, ihrem schädlichen und ekelhaften Beispiel zu folgen.

Viele Erkrankungen, denen der moderne Mensch unterworfen ist, werden zweifellos durch diese Gewohnheit des Mundatmens verursacht. Kinder, denen man gestattet, auf diese Weise zu atmen, wachsen mit beeinträchtigter Lebenskraft und geschwächter Konstitution auf, brechen als erwachsene Leute zusammen und werden bald Invaliden. Die Mutter der wilden Völker wird noch durch einen gesunden, normalen Instinkt geleitet und handelt vernünftiger. Sie scheint instinktiv zu erkennen, dass die Nasenlöcher die richtigen Kanäle für die Luftzufuhr zur Lunge sind, und sie trainiert ihren Säugling, seine kleinen Lippen zu schließen und durch die Nase zu atmen. Sie taucht seinen Kopf nach vorne, wenn er schläft und in dieser Stellung ist er gezwungen, die Lippen geschlossen zu halten und durch die Nase zu atmen. Wenn unsere zivilisierten Mütter ihrem Beispiel folgen wollten, würden sie der Rasse einen großen Dienst erweisen. Viele ansteckende Krankheiten werden durch die schlechte Gewohnheit des Mundatmens verbreitet, viele Fälle von Schnupfen und katarrhalischen Affektionen sind gleicherweise dieser Ursache zuzuschreiben. So mancher, der des äußeren Scheines wegen den Mund bei Tag geschlossen hält, verharrt des Nachts auf dem Mundatmen und holt sich auf diese Weise eine Krankheit. Sorgfältig geleitete wissenschaftliche Experimente haben gezeigt, dass Soldaten und Matrosen, die mit offenem Mund schlafen, ansteckenden Krankheiten viel mehr ausgesetzt sind, als solche, die ordentlich durch die Nase atmen. Ein Beispiel ist bekannt, dass auf einem Kriegsschiff im fremden Land Blattern epidemisch wurden, und jeder tödlich ausgehende Fall einen Mundatmer betraf, während kein einziger Nasenatmer erlag. Die Atmungsorgane haben ihren eigenen Schutzapparat, ihr Filter oder ihren Schmutzfänger in den Nasenlöchern. Wenn man den Atem durch den Mund einzieht, so ist vom Mund bis zur Lunge nichts, um den Luftstrom aufzuhalten oder den Staub und darin enthaltene Fremdkörperchen aufzufangen. Vom Mund zur Lunge hat der Schmutz oder die unreine Substanz freie Bahn und das ganze Atmungssystem ist unbeschützt. Ja noch mehr! Solches unkorrekte Atmen gestattet der kalten Luft den Durchgang zu den Organen, wodurch sie geschädigt werden. Entzündungen der Atmungsorgane sind oft das Resultat der Einatmung kalter Luft durch den Mund. Wer in der Nacht durch den Mund atmet, erwacht immer mit einem ausgedörrten Gefühl im

Munde und mit Trockenheit im Halse auf. Er vergewaltigt eines der Naturgesetze und säet Krankheit.

Es soll nochmals in Erinnerung gebracht werden, dass der Mund keinen Schutz für die Atmungs-organe bietet und dass kalte Luft, Staub, Unreinheiten und Krankheitskeime bereitwilligst durch diese Tür eintreten. Anderseits legen die Nasenlöcher und die Nasenwege Zeugnis für die sorgfältige Fürsorge der Natur in dieser Richtung ab. Die Nasenlöcher sind zwei enge gewundene Kanäle; sie enthalten zahlreiche borstige Haare und diese dienen als Filter, um die Luft von ihren Unreinheiten etc. zu befreien, die dann ausgestoßen werden, wenn man ausatmet. Nicht allein diesen wichtigen Zweck erfüllen die Nasenlöcher, sondern sie erwärmen auch die eingezogene Luft. Die langen, engen, gewundenen Nasenlöcher sind mit warmen Schleimhäuten ausgefüllt, die die Luft so erwärmen, wenn sie damit in Berührung kommt, dass sie den zarten Organen der Kehle oder der Lunge nicht mehr schaden kann.

Kein Tier, nur der Mensch, schläft mit offenem Munde oder atmet durch den Mund, und es ist eine Tatsache, dass nur der zivilisierte Mensch durch den Mund atmet und die Funktionen der Natur verdreht, während die barbarischen und wilden Rassen ausnahmslos richtig atmen. Es ist wahrscheinlich, dass diese unnatürliche Gewohnheit unter der zivilisierten Menschheit durch unnatürliche Lebensweise, entnervenden Luxus und durch zu große Wärme erworben worden ist.

Der reinigende, filtrierende und durchseihende Apparat der Nasenlöcher macht die Luft geeignet, die zarten Organe der Kehle und der Lunge zu erreichen, und die Luft ist nicht geeignet, diese Organe zu erreichen, ehe sie nicht den Läuterungsprozess der Natur mitgemacht hat. Die Unreinigkeiten, welche durch die Siebe und Nasenschleimhäute an- und aufgehalten werden, werden bei der Ausatmung durch den ausgestoßenen Atem wieder entfernt, und für den Fall, dass sie sich zu rasch angesammelt haben oder es ihnen gelungen ist, durch die Siebe durchzuschlüpfen und in verbotene Regionen zu gelangen, schützt uns die Natur, indem sie ein heftiges, den Eindringling ausstoßendes Niesen hervorruft.

Die Luft, die in die Lunge gelangt, ist von der Außenluft so verschieden wie destilliertes Wasser von dem einer Zisterne. Der verwickelte Reinigungsapparat der Nasenlöcher, der die unreinen Partikelchen der Luft an- und festhält, ist so wichtig, wie die Aufgabe des Mundes, Kirschkerne und Fischgräten aufzuhalten und ihr Eindringen in den Magen zu verhindern. Man sollte ebenso wenig durch den Mund atmen als man versucht, seine Nahrung durch die Nase zu sich zu nehmen.

Eine andere Konsequenz des Mundatmens ist, dass die Nasenwege, die auf diese Weise zu wenig benützt werden, sich infolge dessen nicht rein und klar halten können, verstopft und unrein werden und örtlichen Erkrankungen ausgesetzt sind. Wie verlassene Straßen, die bald von Unkraut und Unrat erfüllt sind, füllen sich ungebrauchte Nasenlöcher mit Unreinigkeiten und faulender Materie.

Wer gewohnheitsmäßig durch die Nase atmet, wird nicht leicht verstopfte Nasenlöcher bekommen. Aber im Interesse derer, die mehr oder weniger der unnatürlichen Gewohnheit des Mundatmens ergeben sind, und die wünschen, die natürliche und vernünftige Methode anzunehmen, ist es vielleicht angebracht, ein paar Worte über die Art und Weise, seine Nasenlöcher rein und frei von Unreinheiten zu erhalten, hinzuzufügen.

Eine beliebte orientalische Methode ist, ein wenig Wasser aufzuschnupfen, so, dass es durch die Nasenlöcher in den Rachen rinnt, und dann durch den Mund ausgespukt werden kann. Einige Hindu-Yogis tauchen das Gesicht in ein Gefäß mit Wasser und ziehen durch Saugen eine große Menge Wassers hinauf, aber die letztgenannte Methode erfordert sehr viel Übung, während die erstere ebenso erfolgreich und viel leichter auszuführen ist.

Eine andere gute Methode ist, das Fenster zu öffnen und frei zu atmen, indem man ein Nasenloch mit Finger oder Daumen zuhält und durch das andere einatmet. Dann wiederholt man diesen Vorgang mit dem anderen Nasenloch, öfters wiederholen, die Nasenlöcher wechseln. Diese Methode pflegt die Nasenlöcher von Verstopfungen zu befreien.

Wenn die Störung durch Katarrh verursacht ist, tut man gut, etwas Vaseline oder Kampfereis oder ähnliche Präparate anzuwenden. Oder man schnupft von Zeit zu Zeit ein wenig Hopfenhainbuchenextrakt und wird eine bemerkenswerte Besserung wahrnehmen. Mit ein wenig Sorgfalt und Aufmerksamkeit werden die Nasenlöcher bald rein werden und bleiben.

Wir haben dem Gegenstand des Nasenatmens so viel Raum zugemessen, da es nicht nur von außerordentlicher Wichtigkeit für die Gesundheit ist, sondern weil das Nasenatmen auch eine Vorbedingung für später folgende Atemübungen ist, Außerdem ist es eines der Fundamentalprinzipien für des Yogi Wissenschaft des Atmens.

Wir raten dem Schüler dringend an, diese Methode des Atmens zu erwerben, wenn er sie nicht haben sollte, und warnen, diesen Teil des Gegenstandes als unwichtig beiseite zu schieben.

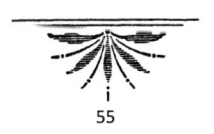

7. Kapitel.

Die vier Methoden des Atmens.

Bei Betrachtung der Atmungsfrage müssen wir damit beginnen, die mechanischen Vorbereitungen, durch welche die Atmungsbewegungen ausgeführt werden, ins Auge zu fassen. Der Atmungsmechanismus äußert sich 1) durch die elastischen Bewegungen der Lunge, und 2) durch die Tätigkeit der Seiten und des Grundes des Brustkastens, in welchen die Lounge eingeschlossen ist. Der Brustkasten ist der Teil des Rumpfes zwischen dem Hals und dem Unterleib, und die Höhlung (bekannt unter dem Namen Brustkorb), wird hauptsächlich durch die Lunge und durch das Herz eingenommen. Er wird durch die Wirbelsäule, die Rippen mit ihren Knorpeln, das Brustbein und nach unten durch das Zwerchfell begrenzt. Gewöhnlich spricht man davon als die »Brust«. Sie ist mit einer vollkommen geschlossenen konischen Büchse verglichen worden, deren schmales Ende nach oben gerichtet ist, und deren Rückwand durch die Wirbelsäule gebildet wird, während die Vorderseite durch das Brustbein und die Seiten durch die Rippen begrenzt sind.

Wir haben vierundzwanzig Rippen, zwölf an jeder Seite. Sie entspringen aus der Wirbelsäule. Die oberen sieben Paar sind als echte Rippen bekannt, und direkt mit dem Brustbein verwachsen, während die unteren fünf Paar »falsche« oder »lose« Rippen genannt werden, weil sie nicht so befestigt sind. Die oberen zwei hängen durch Knorpel mit den anderen Rippen zusammen, die übrigen haben keine Knorpel und ihr vorderes Ende ist frei.

Die Rippen werden bei der Atmung durch zwei oberflächliche Muskelschichten bewegt, die unter dem Namen

Interkostalmuskeln bekannt sind. Das Zwerchfell, die vorerwähnte Muskelpartie, trennt den Brustkorb von der Bauchhöhle.

Beim Einatmen dehnen die Muskeln die Lunge so aus, dass ein Vakuum entsteht, in das nach den physikalischen Gesetzen die Luft hineinstürzt. Alles hängt von den Muskeln ab, die beim Respirationsprozess betroffen werden und die wir »Atmungsmuskeln« nennen können. Ohne die Hilfe dieser Muskeln kann sich die Lunge nicht ausdehnen und die Wissenschaft des Atmens hängt im großen Ganzen von der richtigen Anwendung und Beaufsichtigung dieser Muskeln ab. Die Geschicklichkeit, das höchste Maß der Lungenausdehnung zu erreichen und dem System die größte Menge der lebenspendenden Eigenschaften der Luft zuzuführen, ist das Resultat der richtigen Beaufsichtigung dieser Muskeln.

Die Yogis teilen die Atmung in vier allgemeine Methoden ein, nämlich:

1) Hohes Atmen.
2) Mittleres Atmen
3) Tiefes Atmen.
4) Vollständiger Atem.

Wir wollen einen allgemeinen Begriff über die ersten drei Methoden geben und die vierte eingehender behandeln, da des Yogi Wissenschaft des Atmens vorwiegend darauf beruht.

1. Hohes Atmen.

Diese Form des Atmens ist der westlichen Welt als »Schlüsselbeinatmung« bekannt. Jemand, der auf diese Weise atmet, hebt die Rippen und das Schlüsselbein und die Schultern, während er gleichzeitig die Bauchhöhle einzieht und ihren Inhalt gegen das Zwerchfell drückt, das seinerseits gehoben wird.

Der obere Teil der Brust und Lunge, der der kleinste ist, kommt in Anwendung, infolgedessen dringt die geringste Menge von Luft in die Lunge ein. Kommt hinzu, dass das Zwerchfell hinaufgedrückt wird und dass keine Ausdehnung in dieser Richtung stattfinden kann, so wird ein Studium der Anatomie der Brust jeden Schüler überzeugen, dass auf diese Weise die größte Kraftanstrengung mit dem geringsten Vorteil verbunden ist.

Hohes Atmen ist wahrscheinlich die schlechteste Form der Atmung, die die Menschen kennen, und verlangt den größten Energieaufwand mit dem geringsten erzielten Vorteil. Es ist ein energieverwüstendes, uneinträgliches Schema. Es ist sehr verbreitet unter den westlichen Rassen, viele Frauen sind ihm ergeben, selbst Sänger, Priester, Advokaten und andere, die es besser verstehen sollten, wenden es unwissentlich an. Viele Erkrankungen der Stimm- und Atmungsorgane können direkt von dieser Atmungsmethode hergeleitet werden, und die Anstrengung zarter Organe, die durch diese Methode verursacht wird, resultiert oft in rauen, unangenehmen Stimmen, die man von allen Seiten hört. Viele Leute, die auf diese Weise atmen, nehmen die vorerwähnte unappetitliche Gewohnheit des Mundatmens an.

Wenn der Schüler irgendeinen Zweifel darüber hat, was über diese Weise des Atmens gesagt wurde, möge er versuchen, alle Luft aus seiner Lunge auszustoßen, dann möge er aufrechtstehend und die Hände an die Seiten gelegt, die Schultern und das Schlüsselbein heben und einatmen. Er wird das Quantum der eingeatmeten Luft weit unter dem normalen finden. Dann möge er einen vollen Atemzug tun, nachdem er die Schultern und das Schlüsselbein heruntergelassen hat, und er wird eine praktische Lektion im Atmen erhalten haben, die ihm viel länger erinnerlich bleiben wird, als irgendein geschriebenes oder gedrucktes Wort.

2. Mittleres Atmen.

Diese Atemmethode ist dem Schüler im Westen als Rippenatmung oder Zwischenrippenatmung bekannt, und ist zwar einwandfreier als das hohe Atmen, aber sowohl dem Tiefatmen als auch dem vollständigen Atmen des Yogi weit untergeordnet. Beim mittleren Atmen wird das Zwerchfell nach aufwärts gedrückt und der Bauch eingezogen. Die Rippen werden etwas gehoben und die Brust wird teilweise ausgedehnt. Es ist unter Menschen, die den Gegenstand nicht studiert haben, ganz allgemein. Da man zwei bessere Methoden kennt, berühren wir es nur ganz im Vorübergehen und das nur, um die Aufmerksamkeit auf seine Mängel zu lenken.

3. Tiefes Atmen.

Diese Form der Atmung ist weit besser als irgendeine der beiden vorangehenden Formen und in den letzten Jahren haben manche Autoren des Westens seine Vorzüge gepriesen und es unter dem Namen »Zwerchfellatmung«, »Tiefatmung«, »Bauchatmung« etc. verbreitet. Es ist viel Gutes dadurch geschaffen worden, dass die Aufmerksamkeit des Publikums auf den Gegenstand gerichtet wurde, so mancher ist veranlasst worden, es an Stelle der minderwertigen und schädlichen Methoden zu setzen. Viele »Systeme« sind auf der Tiefatmung aufgebaut worden und Schüler haben hohe Preise gezahlt, um das neue (?) System zu erlernen. Aber wie gesagt, es ist viel Gutes dadurch entstanden, und alles in allem sind die Schüler, die hohe Preise gezahlt haben, um wiederaufgewärmte alte Systeme zu lernen, auf ihre Rechnung gekommen, wenn sie veranlasst wurden, die alten Methoden des Hoch- und Mittelatmens zu verabschieden. Obwohl viele Autoritäten der westlichen Welt von dieser Methode als der besten bekannten sprechen, weiß der Yogi sehr gut, dass sie nur ein Teil eines durch Jahrhunderte in Gebrauch gewesenen und unter dem Namen »der vollständige Atem« bekannten Systems ist. Aber man muss zugeben, dass man mit den Prinzipien der Tiefatmung bekannt sein muss, bevor man die Idee des vollständigen Atems erfassen kann.

Wir wollen abermals das Zwerchfell betrachten. Was ist es? Wir wissen, dass es der große Trennungsmuskel zwischen dem Brustkorb und dem Unterleib ist. In der Ruhe weist es gegen den Unterleib eine konkave Oberfläche auf. Das heißt, das Zwerchfell vom Unterleib aus betrachtet würde dem Himmel gleichen, wenn man ihn von der Erde aus ansieht, wie das Innere einer gewölbten Oberfläche. Folglich ist die Oberfläche des Zwerchfells gegen den Brustkorb wie eine konvexe Oberfläche, wie ein Hügel. Wenn das Zwerchfell betätigt wird, ebnet sich der Hügel und es drückt auf die Unterleibsorgane und drängt den Unterleib heraus.

Beim Tiefatmen haben die Lungenflügel mehr Spielraum und folglich wird mehr Luft eingeatmet als bei den anderen Methoden. Diese Tatsache hat die Mehrzahl der westlichen Autoren verleitet, vom Tiefatmen, (das sie Bauchatmung nennen), als der höchsten und besten der Wissenschaft bekannten Methode zu sprechen und zu schreiben. Aber der orientalische Yogi kannte seit langem eine bessere Methode und auch einige westliche Autoren haben diese Tatsache bereits anerkannt. Der Krebsschaden bei allen Atemmethoden, außer dem »vollständigen Atmen« ist, dass bei keiner derselben die Lunge mit Luft angefüllt wird; im besten Fall wird nur ein Teil der Lunge gefüllt, selbst beim Tiefatmen. Das Hochatmen füllt nur den obersten Teil der Lunge. Das Mittelatmen nur den mittleren und eine Partie des oberen Lungenteiles. Das Tiefatmen füllt nur die tiefen und mittleren Teile. Es ist offenkundig, dass irgendeine Methode, die die ganze Lunge mit Luft erfüllt, weitaus jeder anderen vorzuziehen sein muss, die nur einen Teil füllt. Jede Methode, die den ganzen Lungenraum mit Luft erfüllt, muss vom größten Wert für den Menschen sein, weil sie die Absorption der größten Sauerstoffmenge und die Aufspeicherung der größten Pranamenge zulässt. Der vollständige Atem gilt dem Yogi als die beste der Wissenschaft bekannte Atemmethode.

Des Yogi vollständiger Atem.

Der vollständige Atem des Yogi umfasst alle guten Seiten der Hoch-, Mittel- und Tiefatmung und schließt alle ihre nicht einwandfreien aus. Er versetzt den ganzen Atemapparat in Tätigkeit, jeden Teil der Lunge, jede Luftzelle, jeden Atmungsmuskel. Der ganze Atmungsmechanismus reagiert auf diese Atemmethode und die höchste Menge von Vorteilen wird aus einem Mindestquantum vom Kraftaufwand gezogen. Der Brustkorb wird nach allen Richtungen bis zu seinen normalen Grenzen ausgedehnt und jeder Teil des Organismus verrichtet seine natürlichen Funktionen.

Einer der Grundzüge dieser Atemmethode ist, dass die Atmungsmuskeln sich voll betätigen, während bei den anderen Methoden sich nur ein Teil derselben betätigt. Unter anderem kommen beim vollständigen Atmen die Rippenmuskeln in volle Tätigkeit, was den Raum vergrößert, in dem sich die Lunge ausdehnen kann und auch den anderen Organen, wenn sie dessen bedürfen, die richtige Stütze gibt, indem sich die Natur selbst des hier zur Vollkommenheit entwickelten Hebelgesetzes bedient. Gewisse Muskeln halten die tiefen Rippen fest, andere hingegen biegen sie nach außen.

Ferner ist bei dieser Methode das Zwerchfell unter Aufsicht und kann seine Funktionen ordentlich ausführen und auf diese Weise die größten Dienste leisten.

In der Rippentätigkeit werden die unteren Rippen durch das Zwerchfell beaufsichtigt, das sie leicht nach abwärts zieht, während andere Muskeln sie festhalten und die Zwischenrippenmuskeln sie nach außen pressen. Diese vereinigte Tätigkeit verleiht dem mittleren Brustkorb seine Höchstausdehnung. Dazu kommt noch, dass auch die oberen Rippen durch die Zwischenrippenmuskeln gehoben und nach außen gepresst werden, was die Kapazität der oberen Brust zur vollen Wirkung bringt.

Wenn man sich über die individuellen Wirkungsweisen der drei ersten Methoden klar geworden ist, sieht man sofort, dass der vollständige Atem alle vorteilhaften Seiten der anderen drei Methoden umfasst, vermehrt um die gegenseitigen Vorteile, die aus der vereinigten Tätigkeit von der hohen, der mittleren Brust und der Zwerchfellgegend resultieren und dass auf diese Weise der normale Rhythmus erlangt wird.

Im nächsten Kapitel wollen wir den praktischen Teil des vollständigen Atmens behandeln und über seine Erlangung eingehende Anweisungen geben, sowie auch Übungen anführen.

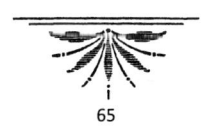

8. Kapitel.

Wie des Yogi vollständiger Atem zu erlangen ist.

Des Yogi vollständiger Atem ist die grundlegende Atmung der ganzen Yogi-Wissenschaft des Atmens, und der Schüler muss sich vollständig damit bekannt machen und ihn ganz beherrschen, ehe er auf Resultate von den anderen Atemformen, die in diesem Werke erwähnt und gegeben werden, hoffen kann. Er sollte sich nicht damit begnügen, ihn halb zu erlernen, sondern ernstlich an die Arbeit gehen, bis er diese natürliche Methode des Atmens erreicht. Dies erfordert Arbeit, Zeit und Geduld, ohne welche überhaupt niemals etwas erreicht wird. Es gibt keinen königlichen Weg zur Wissenschaft des Atmens, und der Schüler muss vorbereitet sein, ernstlich zu üben und zu studieren, wenn er günstige Resultate erwartet. Die Erfolge, die man durch eine vollständige Beherrschung der Wissenschaft des Atmens erzielt, sind groß, und keiner, der sie erreicht hat, würde freiwillig zu den alten Methoden zurückkehren. Er wird seinen Freunden frei bekennen, dass er sich für seine Mühe überreichlich belohnt sieht. Wir sprechen von diesem Thema jetzt so eingehend, um das volle Verständnis für die Tatsache zu erwecken, wie notwendig und wichtig die Beherrschung dieser grundlegenden Methode des Yogi-Atmens ist und man sie nicht überschlägt und einige der anziehend aussehenden Variationen versucht, die später gegeben werden. Wir wiederholen: Fangt richtig an, und richtige Resultate werden die Folge sein, aber vernachlässigt den Grund, und euer ganzes Gebäude wird früher oder später zusammenfallen.

Vielleicht wäre der günstigere Weg, die Entwicklung des vollständigen Yogi-Atmens zu lehren, einfache Anleitungen bezüglich des Atemholens selbst zu geben, dann allgemeine Bemerkungen darüber folgen zu lassen und später Übungen zur Entwicklung der Brust, der Muskeln und der Lunge anzuführen, die man solange durch unvollständige Atemmethoden in einem unentwickelten Zustand gelassen hat. Hier ist es am Platze zu sagen, dass der vollständige Atem weder erzwungen noch abnorm ist, sondern im Gegenteil ein Zurückgehen zu den Grundprinzipien, eine Rückkehr zur Natur. Der gesunde erwachsene Wilde und der gesunde Säugling der zivilisierten Völker atmen beide auf diese Weise, aber der erwachsene Zivilisationsmensch hat eine unnatürliche Weise zu leben, und sich zu kleiden angenommen, und sein Erbrecht verloren. Wir möchten dem Leser in Erinnerung bringen, dass die vollständige Atmung nicht die Anfüllung der Lunge bei jedem Atemzug bedingt. Man kann das Durchschnittsmaß von Luft einziehen, wenn man die Methode des vollständigen Atmens befolgt und die eingeatmete Luft, sei es nun wenig oder viel, nach allen Gegenden der Lunge verteilt. Aber man sollte mehrmals des Tages eine Anzahl voller Atemzüge einziehen, so oft es die Gelegenheit erlaubt, um das System in guter Ordnung und in gutem Zustand zu erhalten.

Folgende einfache Übung wird einen klaren Begriff davon geben, was der vollständige Atem ist.

1) Gerade stehen oder sitzen, durch die Nasenlöcher stetig einatmen, und zuerst den tieferen Teil der Lunge füllen, was erreicht wird dadurch, dass man das Zwerchfell betätigt, dessen Senkung einen sanften Druck auf die Unterleibsorgane ausübt und die vordere Bauchwand nach vorne drängt. Hierauf den mittleren Teil der Lunge anfüllen, indem man die unteren Rippen, das Brustbein und die Brust nach außen drückt. Dann den obersten Teil der Lun-

ge anfüllen, indem man die obere Brust ausdehnt, wodurch sie sich einschließlich der oberen sechs oder sieben Rippenpaare hebt. Bei der letzteren Bewegung wird der untere Teil des Unterleibs leicht eingezogen, was der Lunge eine Stütze gibt und auch hilft, ihre höchsten Teile zu füllen.

Beim ersten Mal Lesen mag es scheinen, als ob dieser Atem aus drei getrennten Bewegungen bestünde. Dies ist kein richtiger Begriff. Die Atmung ist ununterbrochen, die ganze Brusthöhle vom gesenkten Zwerchfell bis zum höchsten Teil der Brust in der Gegend des Schlüsselbeines wird durch eine einheitliche Bewegung ausgedehnt. Eine ruckweise Serie von Atemzügen ist zu vermeiden, hingegen eine ununterbrochene Betätigung anzustreben. Sehr bald wird die Neigung, den Atemzug in drei Bewegungen zu teilen, überwunden werden, und ein ununterbrochener Atem wird erfolgen. Nach ein wenig Übung ist es möglich, die Atmung in ein paar Sekunden zu vollenden.

2) Den Atem einige Sekunden anhalten.

3) Langsam ausatmen, dabei die Brust in fester Stellung halten, den Unterleib ein wenig einziehen, und nach oben heben, während die Luft die Lunge verlässt. Wenn die Luft ganz ausgeatmet ist, Brust und Unterleib nachlassen.

Ein wenig Praxis wird diesen Teil der Übung leicht machen, und die einmal erzielte Bewegung wird nachher fast automatisch ausgeführt werden.

Wir sehen, dass durch diese Atmungsmethode alle Teile des Atmungsapparates betätigt und alle Teile der Lunge bis zu den entferntesten Luftzellen geübt werden.

Die Brusthöhle wird nach allen Richtungen ausgedehnt.

Man wird auch bemerken, dass der vollständige Atem tatsächlich eine Kombination von Hoch-, Mittel- und

Tiefatmung ist, die in der gegebenen Ordnung äußerst rasch aufeinander folgen und so einen einheitlichen, ununterbrochenen vollständigen Atem bilden.

Eine gute Hilfe hat man, wenn man diese Atmung vor einem großen Spiegel ausführt und die Hände leicht an den Unterleib hält, so dass man die Bewegungen fühlen kann.

Zum Schluss der Einatmung ist es vorteilhaft, gelegentlich die Schultern zu heben, da man so das Schlüsselbein hebt und der Luft freien Durchgang zum kleinen rechten oberen Lungenlappen gestattet, der manchmal der Brutplatz der Tuberkulose ist.

Zu Beginn macht es vielleicht mehr oder weniger Schwierigkeit, den vollständigen Atem zu erlangen, aber ein wenig Übung führt zur Vollendung und wenn er einmal erreicht ist, wird man niemals zur alten Methode zurückkehren.

9. Kapitel.

Der äußere Erfolg des vollständigen Atems.

Man kann kaum zu viel über die Vorteile sagen, die die Übung des vollständigen Atmens begleiten. Und doch sollte der Schüler, der die vorhergehenden Seiten sorgfältig studiert hat, kaum nötig haben, dass man ihm solche Vorteile noch auseinandersetzt.

Die Gewohnheit des vollständigen Atmens wird jeden Mann oder jede Frau gegen Schwindsucht und andere Lungenerkrankungen immunisieren und alle Neigung zu »Erkältungen«, wie Bronchialkatarrh und ähnliche Schwächen beseitigen. Schwindsucht ist hauptsächlich eine Folge der verminderten Lebenskraft und auf ein unzulängliches Quantum eingeatmeter Luft zurückzuführen. Die Beeinträchtigung der Lebenskraft öffnet das System den Angriffen von Krankheitskeimen. Unvollständiges Atmen lässt einen beträchtlichen Teil der Lunge untätig, und solche Teile bieten den Bazillen ein beackertes Feld, sie überfluten das geschwächte Gewebe und erzeugen bald Krankheit. Bin gutes gesundes Lungengewebe widersteht den Krankheitserregern und der einzige Weg, ein gesundes, gutes Lungengewebe zu erlangen, ist, die Lunge richtig zu betätigen.

Die Schwindsüchtigen sind fast alle engbrüstig. Was bedeutet dies? Einfach, dass diese Leute unrichtigen Atemgewohnheiten unterworfen waren und ihre Brust sich daher nicht entwickeln und ausdehnen konnte. Der Mensch, der vollständig atmet, wird eine volle, breite Brust haben, und der engbrüstige Mensch kann seine Brust zu normalen Proportionen erweitern, wenn er diesen Modus des Atmens annimmt. Solche Leute müssen ihren

Brustkorb entwickeln, wenn sie Wert auf ihr Leben legen.

Einer Erkältung kann man oft zuvorkommen, wenn man kräftig vollständig atmet, sobald man fühlt, dass man ihr ungehörig ausgesetzt ist. Fühlt man sich frostig, so atme man kräftig durch ein paar Minuten und ein Glühen wird über den ganzen Körper gehen. Den meisten Erkältungen kann man begegnen, wenn man vollständig atmet und durch einen Tag teilweise fastet.

Die Qualität des Blutes hängt hauptsächlich von seiner Oxydation in der Lunge ab. Ist es unteroxydiert, so wird es arm und mit allen Sorten von Unreinheiten beladen, das System leidet an Nahrungsmangel und wird oft tatsächlich vergiftet, da die Abfallprodukte unausgeschieden im Blut bleiben. Da der ganze Körper, jedes Organ und jeder Teil hinsichtlich seiner Ernährung vom Blute abhängt, muss unreines Blut eine ernsthafte Gefahr für das ganze System sein. Das Heilmittel ist einfach: Übt den vollständigen Atem des Yogi.

Der Magen und andere Ernährungsorgane leiden sehr unter ungeeigneter Atmung. Sie sind wegen Sauerstoffmangel nicht nur schlecht ernährt, sondern es zeigen sich auch bald die Folgen schlechten Atmens bei der Verdauung und Stoffaufnahme, weil die Nahrungsmittel Sauerstoff aus dem Blut aufnehmen und verbrannt werden müssen, bevor sie verdaut und assimiliert werden. Und wenn die Assimilation nicht normal ist, erhält das System weniger und weniger Nahrung, Appetitmangel stellt sich ein, die Körperkraft nimmt ab, die Energie schwindet und der Mensch verwelkt und geht zugrunde. Alles durch ungeeignete Atmung.

Selbst das Nervensystem leidet unter ungeeigneter Atmung, da das Gehirn, das Rückenmark, die Nervenzentren und die Nerven selbst, wenn durch das Blut ungenugend ernährt, armselige und unleistungsfähige Instrumente zur Erzeugung, Aufspeicherung und Vermittlung der Nervenströme werden. Schlecht ernährt aber werden sie sein, wenn durch die Lunge nicht genügend Sauerstoff aufgenommen wird. Es gibt noch eine andere Beleuchtung der Ursachen, wodurch die Nervenströme, oder eher die Kraft, der die Nervenströme entspringen, durch Mangel an richtiger Atmung herabgesetzt werden. Aber das gehört in eine andere Abteilung des Gegenstandes, die in anderen Kapiteln dieses Buches behandelt wird, und unsere Absicht an dieser Stelle ist, die Aufmerksamkeit auf die Tatsache zu lenken, dass der Mechanismus des Nervensystems als Instrument zur Beförderung der Nervenkräfte ungeeignet wird, — das indirekte Resultat des Mangels an richtiger Atmung!

Die Wirkung der aufbauenden Organe auf den Gesamtorganismus ist zu bekannt, um hier in Länge diskutiert zu werden, aber es sei uns gestattet, zu sagen, dass bei geschwächten aufbauenden Organen das ganze System in Mitleidenschaft gezogen wird und sympathetisch leidet.

Der vollständige Atem erzeugt einen Rhythmus, der dem Plan der Natur selbst entspricht, um diesen wichtigen Teil des Systems in Ordnung zu halten und man wird bemerken, dass die Zeugungs-Funktionen auf diese Art durch sympathetische Reflexion gestärkt und belebt werden und dem ganzen System die Grundstimmung verleihen. Damit meinen wir nicht, dass die niedrigeren geschlechtlichen Impulse aufgestachelt werden. Weit entfernt. Die Yogis sind Vertreter der Enthaltsamkeit und Keuschheit und haben gelernt, die tierischen Funktionen zu kontrollieren. Aber sexuelle Beherrschung bedeutet nicht sexuelle Schwäche, und die Lehren der Yogis gehen dahin, dass Männer und Frauen mit normalen und gesundem Zeugungsorganismus einen stärkeren Willen haben, sich zu beherrschen. Der Yogi ist der Ansicht, dass viele Perversitäten dieses wundervollen Teiles unseres Systems von einem Mangel an normaler Gesundheit herrühren, von einem kränklichen Zustand dieser Organe. Sorgfältige Betrachtung dieser Frage wird beweisen, dass der Yogi recht hat. Hier ist nicht der Ort, den Gegenstand eingehend zu besprechen, aber die Yogis wissen, dass geschlechtliche Energie aufgespeichert und zur Entwicklung von Geist und Körper verwendet werden kann, statt, wie es leider bei uninformierten Leuten so oft der Fall ist, durch unnatürliche Exzesse vergeudet zu werden. Auf besonderes Verlangen wollen wir in diesem Buche eine beliebte Yogi-Übung geben, die diesen Zweck im Auge hat. Ob aber der Schüler die Yogi-Theorien der Enthaltsamkeit und des reinen Lebens annehmen will oder nicht: Er wird finden, dass der vollständige Atem mehr dazu tut, diesem Teil des Systems die Gesundheit wiederzugeben, als irgendetwas anderes.

Merkt wohl, wir meinen normale Gesundheit und nicht außerordentliche Entwicklung.

Der Sinnliche wird sehen, dass »normal« eher eine Abnahme des Bedürfnisses als eine Zunahme bedeutet, der Geschwächte wird ein Heraufstimmen und eine Befreiung von der Schwäche wahrnehmen, die ihn bisher bedrückt hat. Wir möchten in diesem Punkt nicht gern missverstanden werden! Das Ideal des Yogi ist ein in allen seinen Teilen starker, unter der Herrschaft eines starken und entwickelten Willens stehender, durch hohe Ideale begeisterungsfähiger Körper.

Bei der Übung des vollständigen Atmens dehnt sich während des Einatmens das Zwerchfell aus und übt einen sanften Druck auf die Leber, den Magen und andere Organe aus, was in Verbindung mit dem Rhythmus der Lunge als sanfte Massage dieser Organe wirkt, ihre Tätigkeit anspornt und die normale Wirkung ermutigt. Jeder Atemzug hilft bei dieser innerlichen Übung und bei der Erzeugung einer normalen Zirkulation nach den Organen der Ernährung und der Ausscheidung. Beim Hoch- oder Mittelatmen verlieren die Organe den Vorteil dieser innerlichen Massage.

Gerade jetzt wendet die westliche Welt der Körperkultur viel Aufmerksamkeit zu, und das ist gut. Aber in ihrem Enthusiasmus dürfen sie nicht vergessen, dass die Übung der äußeren Muskeln nicht alles ist. Die inneren Organe und das Nervensystem bedürfen auch der Übung, und die Absicht der Natur in dieser Beziehung wird durch richtige Atmung erreicht.

Das Zwerchfell ist das Hauptintrument der Natur zu diesem Zwecke. Seine Bewegung versetzt die wichtigen Organe der Ernährung und der Ausscheidung in Schwingungen und massiert sie bei jeder Ein- und Ausatmung, presst Blut hinein und dann wieder heraus und verleiht den Organen einen allgemeinen Ansporn.

Jedes Organ oder jeder Körperteil ohne Betätigung verkümmert und versagt seine Dienste. Mangel an innerlicher, durch das Zwerchfell hervorgerufener Übung führt zur Erkrankung der Organe.

Der vollständige Atem versetzt das Zwerchfell in richtige Bewegung und übt gleichzeitig die mittlere und untere Brust. Er ist in seiner Wirkungsweise tatsächlich »vollkommen«.

Einzig und allein vom Standpunkt der westlichen Physiologie, ohne Bezugnahme auf die orientalischen Philosophien und Wissenschaften ist dieses Yogi-System des vollständigen Atmens für jeden Menschen von vitaler

Wichtigkeit, sei es Mann, Weib oder Kind, die Gesundheit erlangen und erhalten wollen. Seine Einfachheit selbst hält tausende davon ab, es ernsthaft zu betrachten, während sie ein Vermögen ausgeben, um durch komplizierte und teure »Systeme« Gesundheit zu erlangen. Die Gesundheit klopft an ihre Tür und sie antworten nicht.

In Wahrheit ist aber der Stein, den der Erbauer zurückstößt, der richtige Eckstein zum Tempel der Gesundheit.

10. Kapitel.

Einige Bruchstücke von Yogi-Weisheit.

Wir wollen unten drei Formen des Atmens geben, die unter den Yogis ganz allgemein sind. Die erste ist der wohlbekannte Reinigungsatem, dem man die große Lungenausdauer der Yogis zuschreibt. Gewöhnlich beendigen sie eine Atemübung durch diese Übung, und wir folgen diesem Gebrauch in diesem Buch. Wir geben auch die nervenstärkende Übung der Yogis, welche uns durch Jahrhunderte überkommen ist, und die durch westliche Lehrer der Körperkultur niemals verbessert wurde, obwohl sie sie von Lehrern der Yoga »geborgt« haben. Wir geben auch den Vokal-Atem der Yogis, dem die besseren Klassen der orientalischen Yogis zum Großteil ihre melodische schwingende Stimme verdanken. Wir haben das Gefühl, dass dieses Buch den Schülern des Westens von unschätzbarem Werte wäre, auch wenn es weiter nichts als diese drei Übungen enthielte.

Nehmt diese Übungen als Geschenk von euren östlichen Brüdern und übt sie aus!

Der Reinigungsatem der Yogis.

Die Yogis haben eine Lieblingsübung, die sie ausführen, wenn sie fühlen, dass ihre Lunge der Lüftung und Reinigung bedarf. Sie beschließen viele ihrer anderen Atemübungen durch diesen Atem, und wir haben diesen Vorgang in dem vorliegenden Buch angenommen. Dieser Reinigungsatem lüftet und reinigt die Lunge, spornt die Zellen an, gibt den Atmungsorganen eine allgemeine Aneiferung und befördert ihren allgemeinen Gesundheitszustand. Außer diesem Erfolg wird man finden, dass sie das ganze System außerordentlich erfrischt. Redner, Sänger etc. werden finden, dass dieser Atem ganz besonders ausruhend ist, wenn sie ihre Atmungsorgane angestrengt haben.

1) Einen vollständigen Atem einziehen.
2) Denselben ein paar Sekunden zurückhalten.
3) Die Lippen spitzen wie zum Pfeifen, (aber nicht die Wangen aufblasen), dann mit beträchtlicher Kraft ein wenig Luft durch die Öffnung ausstoßen. Dann einen Augenblick pausieren, wobei man die Luft zurückhält, und dann wieder ein wenig Luft ausatmen. Dies wiederholen, bis die Luft vollständig ausgeatmet ist. Wohlgemerkt, die Luft muss mit beträchtlicher Kraft durch die Öffnung in den Lippen ausgestoßen werden.

Diese Übung wird vollständig wiederbelebend gefunden werden, wenn man sehr ermüdet und »aufgebraucht« ist. Ein Versuch wird überzeugen. Man soll diesen Atem üben, bis er ganz leicht und natürlich ausgeführt werden kann, da man ihn zur Beendigung einer Anzahl von in dem vorliegenden Buch gegebenen Übungen benötigt. Es ist auch wünschenswert, ihn vollständig zu verstehen.

Der nervenbelebende Atem des Yogi.

Diese Übung ist den Yogis wohlbekannt und sie betrachten sie als einen der stärksten Nervenanreger und -kräftiger, die dem Menschen bekannt sind. Ihr Zweck ist, das Nervensystem anzuregen, Nervenkraft, Energie und Vitalität zu entwickeln. Diese Übung bewirkt in den wichtigen Nervenzentren einen anregenden Druck, und diese ihrerseits stärken und spornen das ganze Nervensystem an und senden nach allen Körperteilen einen vermehrten Zufluss von Nervenkraft.

1) Aufrechtstehen.

2) Einen vollständigen Atem einziehen und ihn zurückhalten.

3) Die Arme gerade nach vorn strecken und sie dabei etwas locker lassen, so dass gerade nur genug Nervenkraft darin ist, um sie zu erhalten.

4) Die Hände langsam zu den Schultern zurückziehen, indem man die Muskeln nach und nach anzieht und Kraft in sie hineinbringt, derart, dass beim Erreichen der Schultern die Fäuste so fest geschlossen sind, dass man eine zitternde Bewegung fühlt.

5) Hierauf, indem man die Muskeln stramm angespannt hält, die Unterarme mit den festgeballten Fäusten langsam ausstrecken und dann immer noch stramm schnell wieder zurückschleudern. Dies mehrmals wiederholen. Während dieses Ausstreckens und Zurückschleuderns der Unterarme mit den Fäusten den Atem anhalten.

Die Wirkung dieser Übung hängt zum Großteil von der Schnelligkeit ab, mit der man die Fäuste zurückschleudert, ferner von der Spannung der Muskeln und schließlich, nicht zu vergessen, von der gefüllten Lunge. Diese Übung muss man üben, um sie würdigen zu können. Sie ist ein »Armmuskelstärker« ohnegleichen.

Der Vokalatem der Yogis.

Die Yogis kennen eine Atmungsweise, um die Stimme zu entwickeln. Sie sind wegen ihres wundervollen Organs bekannt, das stark, geschmeidig und klar ist und eine Tragkraft hat wie eine Trompete. Sie haben diese besondere Form des Atmens geübt, deren Resultat ist, dass ihre Stimme sanft, schön und biegsam wurde und dieses unbeschreibliche Fluten in Verbindung mit großer Kraft erhielt. Diese Übung wird dem Schüler, der sie gewissenhaft ausführt, in einiger Zeit die obenerwähnten Eigenschaften verleihen. Doch soll sie nur gelegentlich und nicht als regelmäßige Atmungsform angewendet werden.

1) Einen vollständigen Atem sehr langsam, stetig und durch die Nasenlöcher einziehen, dabei so viel als möglich Zeit brauchen.

2) Einige Sekunden halten.

3) Die Luft in einem einzigen großen Atemzug durch den weit offenen Mund kräftig ausstoßen.

4) Die Lunge durch den Reinigungsatem ausrasten.

Ohne dass wir uns allzu tief in die Yogi-Theorien der Schallerzeugung beim Sprechen oder Singen einlassen wollen, möchten wir doch gern erwähnen, dass die Erfahrung sie gelehrt hat, Färbung, Qualität und Macht einer Stimme hänge nicht nur von den Stimmorganen in der Kehle ab, sondern die Gesichtsmuskeln haben viel damit zu tun. Einige Menschen mit breiter Brust bringen nur einen armseligen Ton, andere mit verhältnismäßig schmaler Brust bringen Töne von erstaunlicher Stärke und Fülle hervor.

Wir geben ein interessantes, versuchswürdiges Experiment: Man stelle sich vor einen Spiegel, spitze seinen Mund und pfeife und merke sich die Gestalt des Mundes und den allgemeinen Ausdruck des Gesichtes. Dann spreche oder singe man wie gewöhnlich und beobachte den Unterschied. Dann beginne man nach einigen Sekunden wieder zu pfeifen und singe einige Noten, *ohne die Stellung des Mundes oder des Gesichtes zu verändern*, und bemerke, was für ein vibrierender, hallender, klarer und schöner Ton erzeugt wird.

11. Kapitel.

Die sieben entwickelnden Übungen.

Die folgenden sind die sieben Lieblingsübungen der Yogis um die Lunge, die Muskulatur, die Sehnen, die Luftzellen etc. zu entwickeln. Sie sind ganz einfach aber bewunderungswürdig wirkungsvoll. Man lasse sich nicht durch die Einfachheit verleiten, das Interesse zu verlieren, denn sie sind das Resultat sorgfältiger Experimente und Übungen, und die Essenz von zahlreichen verwickelten und komplizierten Übungen, deren unwichtige Teile ausgelassen und nur die Hauptzüge beibehalten wurden.

I. Der zurückgehaltene Atem.

Dies ist eine sehr wichtige Übung, da sie die Tendenz hat, die Atmungsmuskeln sowie die Lunge zu stärken und zu entwickeln, und ihre häufige Anwendung wird auch eine Erweiterung der Brust zur Folge haben. Die Yogis haben herausgefunden, dass ein gelegentliches Anhalten des Atems, nachdem die Lounge mit dem vollständigen Atem gefüllt wurde, nicht nur für die Atmungsorgane, sondern auch für die Organe der Ernährung, für das Nervensystem und selbst für das Blut äußerst wohltätig ist. Sie haben auch gefunden, dass gelegentliches Anhalten des Atems eine Reinigung der Luft, die von früheren Atmungen in der Lunge geblieben ist, erzielt und so das Blut sauerstoffreicher macht. Sie wissen auch, dass der zurückgehaltene Atem alle Abfallstoffe sammelt; wenn man ausatmet, nimmt der Atem alle die schlechten Ausscheidungen des Systems mit sich und reinigt die Lunge sowie ein Purgativ die Eingeweide. Der Yogi empfiehlt diese Übung für verschiedene Krankheiten des Magens, der Leber und des Blutes und findet auch, dass sie oft schlechten Atem erleichtert, der aus schlecht gelüfteter Lunge kommt. Wir raten dem Schüler an, dieser Übung große Aufmerksamkeit zuzuwenden, da sie sehr vorteilhaft ist. Die folgenden Direktiven werden eine klare Vorstellung von der Übung geben.

1) *Aufrecht stehen.*
2) *Einen vollständigen Atem einziehen.*
3) *Die Luft so lang, wie ohne Mühe möglich, zurückhalten.*
4) *Kräftig durch den offenen Mund ausatmen.*
5) *Den Reinigungsatem ausführen.*

Anfangs kann man den Atem nur durch ganz kurze Zeit zurückhalten, aber etwas Übung wird eine große Besserung zur Folge haben. Man kontrolliere die Zeit mit einer Uhr, wenn man die Fortschritte beobachten will:

II. Anspornung der Lungenzellen.

Diese Übung ist dazu bestimmt, die Lungenzellen zu stimulieren, aber Anfänger dürfen sie nicht übertreiben, und auf keinen Fall soll man sie zu heftig ausüben. Einige werden bei den ersten Versuchen einen leichten Schwindel wahrnehmen, in diesem Fall gehe man ein wenig herum und unterbreche die Übung für eine Weile.

1) *Aufrecht stehen, die Hände an den Seiten.*
2) *Sehr langsam und nach und nach einatmen.*
3) *Während des Einatmens die Brust mit den Fingerspitzen leise klopfen und beständig die Stelle wechseln.*
4) *Wenn die Lunge gefüllt ist, den Atem zurückhalten und die Brust mit den Handflächen klopfen.*

5) *Den Reinigungsatem ausführen.*

Diese Übung ist für den ganzen Organismus sehr stärkend und anregend und ist eine wohlbekannte Übung der Yogis. Eine Reihe von Luftzellen der Lunge wird durch unvollständige Atmung untätig und nahezu ganz gelähmt. Wer durch Jahre die unvollkommene Atmung ausgeübt hat, wird es nicht so leicht finden, alle diese schlecht angewandten Luftzellen durch den vollständigen Atem auf einmal anzuregen, aber diese Übung wird viel dazu beitragen, das erwünschte Resultat zu erreichen, und sie ist wert, studiert und geübt zu werden.

III. Rippenstrecken.

Wir haben erklärt, dass die Rippen durch Knorpel befestigt sind, die beträchtliche Ausdehnung zulassen. Beim ordentlichen Atmen spielen die Rippen eine wichtige Rolle, und es ist angezeigt, ihnen von Zeit zu Zeit eine kleine Spezialübung angedeihen zu lassen, um ihre Elastizität zu erhalten. Das Stehen oder Sitzen in unnatürlichen Stellungen, dem so viele Leute aus dem Westen unterworfen sind, ist geeignet, die Rippen mehr oder weniger steif und unelastisch zu machen und diese Übung wird viel dazu beitragen, dies zu überwinden.

1) *Aufrecht stehen.*

2) *Die Hände an jede Seite des Körpers legen, so hoch unter die Achselhöhlen als möglich, die Daumen gegen den Rücken, die Handteller an beiden Seiten der Brust, und die Finger nach vorn über die Brust.*

3) *Einen vollständigen Atem einziehen.*

4) *Die Luft für kurze Zeit zurückhalten.*

5) *Dann die Seiten leise pressen und die Luft gleichzeitig langsam ausatmen.*

6) *Den Reinigungsatem ausführen.*

Bei der Ausführung dieser Übung wird Massigkeit anempfohlen, man möge sich dabei nicht überanstrengen.

IV. Brustausdehnung.

Die Brust neigt sehr dazu, sich zusammenzuziehen, wenn man sich sehr über die Arbeit neigt, etc. Diese Übung ist sehr gut, um zum natürlichen Zustand zurückzuführen und die Brust auszudehnen.

1) *Aufrechtstehen.*

2) *Einen vollständigen Atem einziehen.*

3) *Die Luft zurückhalten.*

4) *Beide Arme vorwärtsstrecken und die zwei geballten Fäuste in einer Ebene mit den Schultern zusammenbringen.*

5) *Dann die Fäuste kräftig zurückschwingen, bis die Arme gerade seitwärts von den Schultern stehen.*

6) *Dann in Stellung 4 zurück bringen und wieder in Stellung 5 schwingen. Mehrmals wiederholen.*

7) *Kräftig durch den offenen Mund ausatmen.*

8) *Den Reinigungsatem ausführen.*

Mäßigkeit anwenden und bei dieser Übung sich nicht überanstrengen.

V. Geh-Übung.

1) Mit erhobenem Kopf, das Kinn leicht eingezogen, die Schultern nach rückwärts und in mäßigem Schritt gehen.

2) *Einen vollständigen Atemzug einziehen und dabei im Geist zählen 1, 2, 3, 4, 5, 6, 7, 8, eine Zahl bei jedem*

Schritt, indem man die Einatmung über diese ach Zählungen ausdehnt.

3) Langsam durch die Nasenlöcher ausatmen und dazu wie früher zählen 1, 2, 3,4, 5, 6,7,8, bei jedem Schritt eine Zahl.

4) Zwischen den einzelnen Atemzügen ausruhen und 1, 2, 3, 4, 5, 6, 7, 8, eine Zahl auf jeden Schritt, zählen.

5) Wiederholen bis man beginnt, müde zu werden. Dann eine Weile ausruhen und nach Belieben wieder aufgreifen. Öfters des Tages wiederholen.

Einige Yogis variieren diese Übung, indem sie den Atem 1, 2, 3, 4, zählend zurückhalten und dann in einem achtzahligen Tempo ausatmen. Man übe, welche Übung einem angenehmer erscheint.

VI. Morgenübung.

1) Aufrecht stehen in militärischer Haltung, Kopf hoch, Augen gerade, Schultern zurück, Knie steif, Hände an den Seiten.

2) Den Körper langsam auf die Zehen heben, stetig und langsam einen vollen Atem einziehen.

3) Den Atem für ein paar Sekunden zurückhalten und in derselben Stellung bleiben.

4) Langsam in die Ausgangsstellung zurückkehren, gleichzeitig langsam durch die Nasenlöcher ausatmen.

5) Den Reinigungsatem ausführen.

6) Mehrere Male wiederholen, abwechselnd das rechte und das linke Bein benützend.

VII. Zum Stimulieren der Zirkulation.

1) *Aufrecht stehen.*
2) *Einen vollständigen Atem einziehen und zurückhalten.*
3) *Leicht vorwärtsbeugen, einen Stock oder einen Stuhl fest und sicher ergreifen und nach und nach in den Griff seine ganze Kraft legen.*
4) *Den Griff nachlassen, zur ersten Stellung zurückkehren und langsam ausatmen.*
5) *Mehrmals wiederholen.*
6) *Mit dem Reinigungsatem endigen.*

Man kann diese Übung auch ohne den Gebrauch eines Stockes ausführen, indem man einen imaginären Stock ergreift und den Willen anstrengt, um den Druck auszuführen. Diese Übung ist bei den Yogis sehr beliebt, um das Arterienblut in die Extremitäten zu treiben und das Venenblut zum Herzen und zur Lunge zurückzuziehen, damit es den Sauerstoff aufnehmen kann, der aus der Luft aufgenommen wurde. In Fällen von schlechter Zirkulation ist nicht genug Blut in der Lunge, um das vermehrte Quantum von eingeatmetem Sauerstoff aufzunehmen und das System zieht nicht den vollen Vorteil aus der verbesserten Atmung. In solchen Fällen ist es besonders vorteilhaft, diese Übung auszuführen, indem man sie in die regelmäßigen Übungen des vollständigen Atems einstreut.

12. Kapitel.

Sieben kleinere Übungen.

Dieses Kapitel ist sieben kleineren Yogi-Atmungs-Übungen gewidmet, die keinen besonderen Namen tragen, von denen sich aber jede von den anderen unterscheidet und ihren bestimmten Zweck verfolgt. Jeder Schüler wird finden, dass irgendeine dieser Übungen sich für seinen speziellen Fall besonders gut eignet. Obwohl wir diese Übungen »Kleinere Übungen« genannt haben, sind sie doch sehr wertvoll und nützlich, sonst hätten sie in diesem Buch keinen Raum gefunden. Sie stellen einen kondensierten Kursus in der »Körperkultur« und der »Lungenentwicklung« dar und könnten leicht ausgedehnter und zu einem kleinen Buch über diesen Gegenstand verarbeitet werden. Sie haben natürlich umso mehr Wert, als das Yogi-Atmen einen Teil jeder Übung bildet. Man möge sie nicht übergehen, deswegen weil sie mit »klein« bezeichnet sind. Eine oder die andere ist vielleicht gerade das, was man bedarf. Man versuche und entscheide für sich selbst.

1. Übung.

1) Aufrechtstehen, die Hände an den Seiten.

2) Einen vollständigen Atem einziehen.

3) Die Arme langsam erheben und sie steif halten, bis sich die Hände über dem Kopf berühren.

4) Den Atem einige Sekunden zurückhalten, dabei die Hände über dem Kopf halten.

5) Die Hände langsam zu den Seiten senken, gleichzeitig langsam ausatmen.

6) Den Reinigungsatem ausführen.

2. Übung.

1) Aufrecht stehen, die Arme geradeaus gestreckt.

2) Einen vollständigen Atem einziehen und zurückhalten.

3) Die Arme nach rückwärts schwingen soweit dies möglich ist, dann zurück zur ersten Stellung. Dies einige Male wiederholen und den Atem die ganze Zeit anhalten.

4) Kräftig durch den Mund ausatmen.

5) Den Reinigungsatem ausführen.

3. Übung.

1) Aufrechtstehen, die Arme gerade ausgestreckt.

2) Einen vollständigen Atem einziehen.

3) Die Arme im Kreis schwingen, gegen rückwärts, mehrmals hintereinander. Dann einige Male umgekehrt, die Luft die ganze Zeit anhalten. Man kann diese Rotation abändern, indem man die Arme gegenseitig wie die Flügel einer Windmühle schwingt.

4) Den Atem stark durch den Mund ausatmen.

5) Den Reinigungsatem ausführen

4. Übung.

1) Sich mit dem Gesicht nach unten auf den Boden legen, die Handflächen zu beiden Seiten flach auf den Boden gepresst.

2) Einen vollständigen Atem einziehen und anhalten.

3) Den Körper versteifen und sich durch die Stärke der

Arme heben, bis der Körper auf Händen und Zehen ruht.

4) Sich hierauf in die ursprüngliche Stellung herablassen und dies mehrmals wiederholen.

5) Kräftig durch den Mund ausatmen.

6) Den Reinigungsatem ausführen.

5. Übung.

1) Aufrecht stehen mit den Handflächen gegen die Wand.

2) Einen vollständigen Atem einziehen und anhalten.

3) Die Brust an die Wand senken und das Körpergewicht auf die Hände übertragen.

4) Sich hierauf nur durch die Kraft der Armmuskeln erheben, indem man den Körper steif hält.

5) Kräftig durch den Mund ausatmen.

6) Den Reinigungsatem ausführen.

6. Übung.

1) Aufrecht stehen, die Hände in die Seite gestemmt, d. h. die Hände um die Mitte gelegt und die Ellbogen wegstehend.

2) Einen vollständigen Atem einziehen und zurückhalten.

3) Hüften und Beine steif halten und sich gut nach vorn beugen wie zum Grüßen, gleichzeitig langsam ausatmen.

4) In die erste Stellung zurückkehren und noch einen vollständigen Atem einziehen.

5) Dann sich nach rückwärts beugen und langsam ausatmen.

6) In die erste Stellung zurückkehren und einen vollständigen Atem einziehen.

7) Dann seitwärts beugen und langsam ausatmen. (Abwechselnd rechts und links.)

8) Den Reinigungsatem ausführen.

7. Übung.

1) Aufrecht stehen oder aufrecht sitzen mit geradem Rückgrat.

2) Einen vollständigen Atem einziehen, aber statt in einem ununterbrochenen stetigen Strom einzuatmen, eine Reihe von kurzen, schnellen »Schnüfflern« einatmen, als wenn man aromatisches Salz oder Ammoniak röche und vermeiden wollte, eine zu große Prise zu bekommen. Keinen dieser kleinen Atemzüge ausatmen, aber einen zum andern fügen, bis die Lunge gefüllt ist.

3) Ein paar Sekunden zurückhalten.

4) Durch die Nase in einem langen, ruhevollen, seufzenden Atem ausatmen.

5) Den Reinigungsatem ausführen.

13. Kapitel.

Vibration und Rhythmisches Atmen.

Alles ist in Vibration. Vom kleinsten Atom bis zur größten Sonne ist jedes Ding in einem Zustand der Schwingung. In der Natur ist nichts in absoluter Ruhe. Ein einziges der Bewegung beraubtes Atom würde das Universum zum Schiffbruch bringen. Die Arbeit des Weltalls vollbringt sich in unaufhörlichen Schwingungen. Die Energie spielt konstant auf der Materie, zahllose Formen, ungezählte Abarten sind die Folge, und selbst diese Formen und Abarten sind nicht bleibend. Im Momente ihrer Schöpfung beginnen sie sich zu verändern und aus ihnen gebären sich unzählbare Formen, die sich wieder verändern und neue Formen entstehen lassen, und so fort und fort in unaufhörlicher Folge. Nichts ist bleibend in der Welt der Formen, — und doch ist die große Wahrheit unveränderlich. Formen sind nur Erscheinungen — sie kommen, sie gehen, aber die Wahrheit ist ewig und unveränderlich.

Die Atome des menschlichen Körpers befinden sich in beständiger Schwingung, sie wechseln unaufhörlich. In wenigen Monaten erfolgt ein fast vollständiger Wechsel in der Materie, aus welcher der Körper besteht, es wird kaum ein einziges der Atome, die gegenwärtig den Körper bilden, in einigen Monaten wiedergefunden werden. Vibration, unaufhörliche Vibration. Wechsel, unaufhörlicher Wechsel. In allen Schwingungen aber ist ein bestimmter Rhythmus zu finden. Rhythmus erfüllt das Universum. Der Lauf der Planeten um die Sonne; das Steigen und Fallen der See; das Schlagen des Herzens; Ebbe und Flut der Gezeiten: alle folgen dem Gesetz des Rhythmus. Die Sonnenstrahlen erreichen uns, der Regen fällt auf uns nach demselben Gesetz. Alles Wachstum ist nur ein Beweis dieses Gesetzes. Alle Bewegung ist eine Äußerung des Gesetzes vom Rhythmus.

Unsere Körper sind diesem Gesetz ebenso unterworfen, wie der Planet in seinem Kreislauf um die Sonne. Ein großer Teil der esoterischen Seite von der Yogi-Wissenschaft des Atmens beruht auf diesem bekannten Naturgesetz. In den Rhythmus des Körpers einfallend gelingt es dem Yogi, eine große Menge Prana aufzunehmen, die er zur Erlangung erwünschter Resultate verwendet. Dies werden wir später eingehender behandeln.

Der Körper, den wir bewohnen, ist wie ein kleiner Teich, der von dem Meere aus gefüllt wird. Obwohl er anscheinend nur seinen eigenen Gesetzen folgt, ist er doch dem großen Ebben und Fluten der ozeanischen Gezeiten unterworfen. Die große See des Lebens nimmt zu und ab, fällt und steigt, und wir reagieren auf ihre Schwingungen und auf ihren Rhythmus. Im normalen Zustand erhalten wir die Schwingungen und den Rhythmus vom großen Ozean des Lebens und erwidern darauf; aber es gibt Zeiten, in denen der Zufluss mit Abfällen verstopft scheint, dann misslingt es uns, den Impuls vom Vater Ozean zu erhalten und Disharmonie spricht aus uns.

Es ist bekannt, dass eine Violinnote, wenn sie wiederholt und im Rhythmus angestrichen wird, mit der Zeit eine Brücke zerstört. Wir finden dasselbe Resultat, wenn ein Regiment Soldaten über eine Brücke marschiert. Bei dieser Gelegenheit erfolgt immer der Befehl, unregelmäßig auszuschreiten, sonst bringt der Rhythmus Brücke und Regiment in den Fluss. Diese Äußerungen des Effekts rhythmischer Bewegungen können dem Leser eine Vorstellung von der Wirkung rhythmischen Atmens auf den

Körper geben. Das ganze System erfasst die Vibration und kommt in Harmonie mit dem Willen, der die rhythmische Bewegung der Lunge hervorruft, und wird während dieser vollständigen Harmonie den Anordnungen des Willens sofort entsprechen. Mit einem so gestimmten Körper macht es dem Yogi keine Schwierigkeit, die Zirkulation in irgendeinem Körperteil durch eine Anordnung des Willens zu vermehren, ebenso kann man einen Nervenstrom zu einem beliebigen Körperteil entsenden, um ihn zu stärken und anzueifern.

Auf dieselbe Weise »erfasst« der Yogi durch rhythmisches Atmen »den Schwung« und ist in der Lage, ein bedeutend vermehrtes Maß von Prana aufzunehmen und zu kontrollieren, und dieses steht dann dem Willen zur Verfügung. Er vermag es und übt es auch, als Vehikel zu benützen, um anderen Gedanken zu senden und alle an sich heranzuziehen, deren Gedanken auf dieselbe Vibration gestimmt sind. Die Phänomene der Telepathie, der Gedankenübertragung, geistigen Heilens, Mesmerismus etc., Tatsachen, die in der westlichen Welt gegenwärtig solches Interesse hervorrufen, den Yogis aber schon seit Jahrhunderten bekannt sind, können sehr vermehrt werden, wenn der Entsender seine Gedanken nach einer rhythmischen Atemübung aussendet. Rhythmisches Atmen pflegt den Wert des geistigen Heilens, des magnetischen Heilens etc. um etliche hundert Prozente zu vermehren.

Was man beim rhythmischen Atmen hauptsächlich lernen muss, ist das geistige Erfassen der Idee des Rhythmus. Denen, die Musik betreiben, ist die Idee des Taktzählens geläufig. Anderen der rhythmische Schritt der Soldaten: »Rechts, links; rechts, links; rechts, links; eins, zwei, drei, vier; eins, zwei, drei, vier«, wird die Idee erwecken.

Der Yogi begründet sein rhythmisches Zeitmaß auf eine Einheit, die mit dem Schlag seines Herzens in Übereinstimmung ist. Bei verschiedenen Personen ist der Herzschlag verschieden. Aber der einheitliche Herzschlag jeder einzelnen Person ist die richtige rhythmische Grundlage für dieses besondere Individuum beim rhythmischen Atmen. Man möge sich seines normalen Herzschlags versichern, indem man die Hand auf den Puls legt und dann zählt.»1, 2, 3, 4, 5, 6, 1, 2, 3, 4, 5, 6,« etc., bis der Rhythmus dem Gedächtnis vollständig eingeprägt ist. Etwas Übung wird den Rhythmus fixieren, so dass man ihn leicht reproduzieren kann. Der Anfänger zieht gewöhnlich sechs Pulsschläge lang die Luft ein, aber man kann dies durch Übung sehr vermehren.

Des Yogi Regel zum rhythmischen Atmen ist, dass die Einheiten des Ein- und Ausatmens dieselben sein sollen, während die Einheiten des Anhaltens und zwischen je zwei Atemzügen halb so viele sein sollten wie die des Ein- und Ausatmens.

Die folgende Übung des rhythmischen Atmens muss vollkommen beherrscht werden, da sie die Grundlage zahlreicher anderer Übungen ist, auf welche wir später zu sprechen kommen werden.

1) In einer bequemen Stellung aufrecht sitzen und Brust, Hals und Kopf in einer möglichst geraden Linie halten, die Schultern leicht zurückziehen und die Hände leicht auf den Schoß legen. In dieser Stellung wird der Körper durch die Rippen unterstützt und die Stellung kann leicht beibehalten werden. Der Yogi hat gefunden, dass man nicht die größten Vorteile aus dem rhythmischen Atmen ziehen kann, wenn man die Brust einzieht und den Unterleib vorstreckt.

2) Langsam einen vollständigen Atemzug einziehen und sechs Pulseinheiten zählen.

3) Anhalten und drei Pulseinheiten zählen.
4) Langsam durch die Nasenlöcher ausatmen und dazu sechs Pulseinheiten zählen.
5) Zwischen je zwei Atemzügen drei Pulseinheiten zählen.
6) Mehrere Male wiederholen aber vermeiden, sich beim Beginn zu ermüden.
7) Wenn man gewillt ist, die Übung zu beenden, den Reinigungsatem ausführen, der zum Ausruhen dient und die Lunge reinigen wird.

Mit ein wenig Übung wird man imstande sein, die Dauer der Ein- und Ausatmungen zu verlängern, bis ungefähr fünfzehn Pulseinheiten verbraucht werden. Man darf dabei niemals vergessen, dass die Einheiten beim Anhalten und zwischen je zwei Atemzügen die Hälfte der Einheiten beim Ein- und Ausatmen betragen müssen.

Man soll sich nicht überanstrengen und die Länge der Atemzüge erhöhen, sondern hauptsächlich darauf bedacht sein, den »Rhythmus« zu gewinnen, da dies wichtiger ist, als die Länge des Atems. Man übe und versuche, bis man den »Taktschwung« der Bewegung gewinnt, und bis man den Rhythmus der schwingenden Bewegung fast durch den ganzen Organismus fühlt. Dies bedarf einiger Zeit und Ausdauer, aber das Vergnügen am Fortschritt wird die Arbeit zu einer leichten machen.

Der Yogi ist ein höchst geduldiger und ausdauernder Mann, seine größten Errungenschaften verdankt er hauptsächlich dem Besitze dieser Eigenschaften.

14. Kapitel.

Tatsachen des psychischen Atmens.

Mit Ausnahme der Belehrungen über das rhythmische Atmen der Yogis bezieht sich die Mehrzahl der in diesem Buche gegebenen Übungen auf die physische Ebene der Willensanstrengung, die schon an und für sich äußerst wichtig ist, und deren Natur als substanzielle Basis für Willensbetätigung auf dem psychischen und spirituellen Plan dem Yogi bekannt ist. Deswegen darf man nicht den physischen Plan außer Acht lassen oder leicht darüber hinweggehen, denn man bedenke, dass nur in einem gesunden Körper auch ein gesunder Geist wohnen kann, und auch, dass der Körper der Tempel des »Ego« ist, die Lampe, in welcher das Licht des Geistes brennt. Alles ist an seiner Stelle gut angeordnet, und alles hat seinen Platz. Der entwickelte Mensch ist der »allumfassende« Mensch, der Körper, Seele und Geist anerkennt und jedem der drei gerecht wird. Vernachlässigung eines der drei ist ein Fehler, der früher oder später richtig gestellt, eine Schuld, die mit Zins- und Zinseszins gezahlt werden muss.

Wir wollen jetzt die psychische Phase von »Des Yogi-Wissenschaft des Atmens« in einer Reihe von Übungen aufgreifen und jeder derselben ihre Erklärung beifügen.

Man wird bemerken, dass bei jeder Übung das rhythmische Atmen von der Instruktion, Gedankenträger für gewisse angestrebte Resultate zu sein, begleitet wird. Diese mentale Haltung gibt dem Willen freie Bahn, um seine Kräfte auszuüben. Wir können in diesem Buch nicht auf den Gegenstand der Willenskraft eingehen und müssen annehmen, dass der Leser eine gewisse Kenntnis des Gegenstandes hat. Wer nicht damit bekannt ist, wird finden, dass die praktische Ausführung der Übungen ihm eine viel eingehendere Kenntnis verleihen wird, als eine Unmenge theoretischer Kenntnisse, denn, wie das alte Hindusprichwort sagt, »Wer ein Senfkorn kostet, weiß mehr von seinem Geschmack, als wer eine ganze Elefantenladung sieht.«

1) Allgemeine Anleitungen zum psychischen Atmen des Yogi.

Die Grundlage für alles psychische Atmen des Yogi ist sein rhythmisches Atmen. Zu diesem haben wir im letzten Kapitel Anleitungen gegeben. In den folgenden Übungen wollen wir, um Wiederholungen zu vermeiden, nur anordnen »rhythmisch atmen« und dann die Anleitung für die Übung der psychischen Kraft geben, was gleichbedeutend ist mit dirigierter Willenskraft, die in Verbindung mit den rhythmischen Atemschwingungen arbeitet. Nach etwas Übung wird man finden, dass man nach dem ersten rhythmischen Atemzug nicht mehr zu zählen braucht, da der Verstand die Idee von Takt und Rhythmus erfasst und man nach Belieben rhythmisch fast automatisch atmen kann. Dadurch bleibt der Geist frei, um die psychischen Schwingungen unter der Herrschaft des Willens auszusenden. (Siehe die erste folgende Übung wegen Anleitungen, den Willen zu betätigen.)

---

2) Verteilung des Prana.

Man liege flach auf dem Fußboden oder dem Bett, in vollkommen passivem Zustand, die Hände leicht auf dem

Solarplexus (dort, wo über dem Magen die Rippen sich zu trennen beginnen) und atme rhythmisch. Nachdem der Rhythmus vollständig festgestellt ist, *wolle* man, dass jeder Atemzug eine vermehrte Zufuhr von Prana oder vitaler Energie aus dem Vorrat des Universums mit sich bringe. Diese wird von dem Nervensystem aufgenommen und von dem Solarplexus aufgestapelt werden. Bei jeder Einatmung *wolle* man, dass das Prana oder die vitale Kraft sich über den ganzen Körper verteile kein Organ und keinen Teil auslasse, sie fließe in jeden Muskel, in jede Zelle, in jedes Atom, in Nerven, Arterien und Venen; vom Scheitel bis zu den Fußsohlen; jeden Nerv kräftigend, stärkend und stimulierend; jedes Nervenzentrum wieder versorgend; Energie, Kraft und Stärke über das ganze System sendend. Während man den Willen übt, versuche man, ein mentales Bild von dem hereinströmenden Prana zu machen, wie es durch die Lunge eindringt und auf einmal durch den Solarplexus aufgenommen wird, und dann beim Ausatmen in alle Teile des Systems bis in die Fingerspitzen und in die Zehen geleitet wird. Man braucht den Willen nicht mit Anstrengung zu betätigen. Man befehle nur einfach, was man hervorzubringen wünscht und mache das mentale Bild von allem Notwendigen. Ruhiges Kommando mit dem mentalen Bild ist wirksamer als gezwungenes Wollen, das nur nutzlos Kraft vergeudet. Die obige Übung ist äußerst hilfreich, sie erfrischt und stärkt das ganze Nervensystem und erzeugt das Gefühl der Ruhe im ganzen Körper. Sie ist besonders wohltätig, wenn man sich ermüdet oder energielos fühlt.

3) Schmerzen zu vertreiben.

Man lege sich nieder oder sitze gerade, atme rhythmisch und halte den Gedanken fest, dass man Prana einatme. Wenn man dann ausatmet, sende man das Prana an die schmerzende Stelle, um die Zirkulation und den Nervenstrom wiederherzustellen. Dann abermals Prana einatmen, um den Schmerzzustand auszutreiben, dann ausatmen und das Bild festhalten, dass man den Schmerz vertreibe. Die beiden obigen mentalen Kommandos abwechseln lassen und mit einem Atemzug den schmerzenden Körperteil stimulieren, mit dem nächsten den Schmerz austreiben. Dies mache man während sieben Atemzügen, dann übe man den Reinigungsatem und ruhe eine Weile. Dann versuche man es wieder, bis man befreit wird, was nicht lange dauern wird. Manche Schmerzen werden weichen, ehe die sieben Atemzüge um sind. Wenn man die Hand an die schmerzende Stelle legt, wird man schneller zum Ziel kommen. Man sende den Pranastrom durch den Arm in den schmerzenden Teil.

---

4) Die Zirkulation zu dirigieren.

Man lege sich nieder oder stehe aufrecht, atme rhythmisch und dirigiere während des Ausatmens die Zirkulation in irgendeinen Körperteil, von dem man glaubt, dass er dessen bedürfe. Dies ist wirksam, wenn man kalte Füße oder Kopfschmerzen hat, da man in beiden Fällen das Blut nach abwärts sendet, in ersterem um die Füße zu erwärmen, in letzterem um das Gehirn von zu großem Druck zu befreien. Hat man Kopfweh, so versuche man zuerst das Vertreiben des Schmerzes, und lasse das Hinuntersenden des Blutes folgen. Man wird oft ein warmes Gefühl in den Füssen bekommen, wenn die Zirkulation sich nach unten wendet. Die Zirkulation steht in ausgedehntem Masse unter der Kontrolle des Willens und rhythmisches Atmen erleichtert die Arbeit.

---

5) Sich selbst zu heilen.

Man liege in nachlässiger Stellung und befehle, dass eine ordentliche Zufuhr von Prana aufgenommen werde. Beim Ausatmen sende man das Prana in den angegriffenen Teil, um ihn zu stimulieren. Dies lasse man gelegentlich mit dem mentalen Kommando abwechseln, dass der Krankheitszustand herausgezwungen werde und verschwinde. Man benütze bei dieser Übung die Hände und führe sie dem Körper entlang von dem Kopfe bis zu dem angegriffenen Teile. Wenn man die Hände zur Selbstheilung oder zur Heilung anderer verwendet, halte man das geistige Bild fest, dass das Prana durch den Arm hinunter und durch die Fingerspitzen in den Körper fließe, und so die angegriffene Stelle erreiche und heile. Gewiss können wir in diesem Buch nur allgemeine Anleitungen geben ohne in die Details der verschiedenen Krankheitsformen einzugehen; aber ein wenig Praxis in der obigen Übung mit leichten, dem speziellen Fall angepassten Veränderungen erzeugt wunderbare Resultate. Einige Yogis folgen dem Gebrauch, beide Hände auf den angegriffenen Körperteil zu legen und dann, indem sie rhythmisch atmen, das mentale Bild festzuhalten, dass sie reichlich Prana in das kranke Organ pumpen und es so anregen und den Krankheitszustand heraustreiben, sowie das Hineinpumpen von frischem Wasser in ein Gefäß mit schmutzigem Wasser letzteres verdrängt und das Gefäß sich mit frischem Wasser füllt. Dieser Plan ist sehr wirksam, wenn man das Bild der Pumpe klar festhält, wobei das Einatmen das Heben des Pumpenschwengels und das Ausatmen das tatsächliche Pumpen darstellt.

---

6) Heilung anderer.

Wir können die Frage der seelischen Behandlung von Erkrankungen in diesem Buch nicht im Detail aufgreifen, da dies seinem Zwecke nicht entsprechen würde. Aber wir können und wollen eine einfache, verständliche Belehrung geben, mit welcher man viel Gutes zur Erleichterung anderer tun kann. Was man grundsätzlich festhalten muss, ist, dass man durch rhythmisches Atmen und beherrschtes Denken in der Lage ist, eine beträchtliche Menge von Prana aufzunehmen, und dass man auch die Fähigkeit besitzt, es in den Körper einer anderen Person überzuleiten, geschwächte Teile und Organe anzuregen und Krankheitszustände herauszutreiben. Zuerst muss man lernen, ein so klares Bild des erwünschten Zustandes zu machen, dass man tatsächlich fühlen kann, wie das Prana hineinfließt, und wie die Kraft durch den Arm und aus den Fingerspitzen heraus in den Körper des Patienten strömt. Man atme durch einige Zeit rhythmisch, bis der Rhythmus hergestellt ist, dann lege man die Hände auf den angegriffenen Körperteil des Patienten und lasse sie dort leicht liegen. Hierauf verfolge man den Einpumpe-Prozess der vorigen Übung, (sich selbst zu heilen) und fülle den Patienten voll Prana, bis der Krankheitszustand weicht. Ab und zu hebe man die Hände und schleudere die Finger, als ob man den Krankheitszustand wegwerfen wollte. Es ist gut, dies gelegentlich zu tun und auch die Hände nach der Behandlung zu waschen, da man sonst eine Spur der Erkrankung des anderen aufnehmen kann. Auch wiederhole man den Reinigungsatem mehrmals nach der Behandlung. Während der Behandlung lasse man das Prana in einem ununterbrochenen Strom in den Patienten einfließen und mache sich nur zur Pumpmaschine, die den Patienten mit dem Universalvorrat an Prana in Verbindung bringt und dieses frei durchströmen lässt. Man braucht nicht heftig mit den Händen zu arbeiten, nur so, dass das Prana frei den angegriffenen Teil erreicht. Das rhythmische Atmen muss während der Behandlung oftmals wiederholt werden, damit der Rhythmus erhalten bleibe und das Prana freien Durchgang habe. Es ist wirksamer, die Hände auf die bloße Haut zu legen, aber wo dies nicht rätlich oder nicht möglich ist, lege man sie über die Kleidung. Man ändere diese Methode gelegentlich dahin ab, dass man während der Behandlung den Körper leicht und sanft mit den Fingerspitzen streichelt, wobei die Finger leicht getrennt zu halten sind. Dies ist für den Patienten sehr beruhigend. In hartnäckigen Fällen ist es eine Hilfe, wenn man den mentalen Befehl in Worten gibt, z. B. »geh heraus, geh heraus«, oder »sei, stark, sei stark«, je nachdem, da die Worte behilflich sind, den Willen stärker an die entsprechende Stelle zu zwingen. Man ändere diese Anordnungen den Erfordernissen des Falles entsprechend und ziehe sein eigenes Urteil und seine Erfindungsgabe zurate. Wir haben die allgemeinen Grundzüge gegeben, und man kann sie auf hundertfache Weise verändern. Diese obige anscheinend einfache Belehrung kann, sorgfältig studiert und angewendet, die Fähigkeit verleihen, all das zu wirken, was die führenden »magnetischen Heiler« tun, obgleich ihre Systeme mehr oder weniger schwerfällig und kompliziert sind. Sie wenden unbewusst Prana an und nennen es »Magnetismus«. Wenn sie rhythmisches Atmen mit ihrer magnetischen Behandlung kombinieren wollten, könnten sie ihre Leistungsfähigkeit verdoppeln.

---

7) Heilung auf die Entfernung.

Durch die Gedanken des Entsenders gefärbtes Prana kann an entfernte Personen versendet werden, die geneigt sind, es zu empfangen, und auf diese Weise können Heilungen vollbracht werden. Dies ist das Geheimnis des »Heilens auf die Entfernung«, von dem die Welt des Westens in den letzten Jahren so viel gehört hat. Der Heilgedanke entsendet und färbt das Prana des Entsenders, es zuckt über den Raum und findet Aufnahme in dem Seelenmechanismus des Patienten. Man kann es nicht sehen, und wie die Marconi-Wellen geht es durch Hindernisse und sucht die Person, die bereit ist, es aufzunehmen. Um Personen auf die Entfernung zu behandeln, muss man so lange ihr geistiges Bild festhalten bis man fühlt, das man in Verbindung mit ihnen ist. Dies ist ein psychischer Vorgang, der von der mentalen Bildkraft des Heilers abhängt. Man kann das Gefühl des Rapportes bekommen, wenn er hergestellt ist, und es äußert sich in einem Gefühle der Nähe. Dies ist fast so einfach als wir es beschreiben. Man kann es durch ein wenig Übung erwerben und manche werden es schon beim ersten Versuche gewinnen. Wenn der Rapport hergestellt ist, sage man geistig zu dem abwesenden Patienten: »Ich sende dir einen Strom von vitaler Kraft, der dich stärken und heilen wird«. Dann stelle man sich vor, wie das Prana den Geist bei jeder Ausatmung des rhythmischen Atmens verlässt, den Raum augenblicklich durchquert und den Patienten erreicht und heilt. Es ist nicht nötig, für die Behandlung bestimmte Stunden zu fixieren, aber man kann es tun, wenn man will. Der aufnahmefähige Zustand des Patienten, in welchem er ist, weil er die seelische Kraft des Heilenden erwartet und sich ihr öffnet, macht ihn geeignet, die Schwingungen aufzunehmen, wann immer man sie entsende. Wenn man auf Stunden übereinkommt, möge er sich in nachlässiger Stellung und aufnahmebereiten Zustand zurechtsetzen. Obiges ist das grundlegende Prinzip des »Heilens auf die Entfernung« der westlichen Welt. Man kann mit etwas Übung diese Heilungen so gut verrichten, wie die meisten bekannten Heiler.

15. Kapitel.

Weitere Phänomene von des Yogi psychischem Atem.

1) Gedanken-Projektion.

Mittelst der letztgenannten Methode (Heilung auf die Entfernung) kann man Gedanken entsenden und die anderen werden die Wirkungen der so entsendeten Gedanken fühlen. Wir rufen nur ins Gedächtnis, dass kein böser Gedanke jemals eine andere Person verletzen kann, deren eigene Gedanken gut sind. Gute Gedanken sind bösen gegenüber immer positiv, und böse guten gegenüber immer negativ. Immerhin kann man das Interesse und die Aufmerksamkeit eines anderen hervorrufen, wenn man ihm auf diese Weise Wellen schickt und das Prana mit der zu übertragenden Botschaft belädt. Wenn man die Liebe und Sympathie eines anderen wünscht, und selbst für ihn Liebe und Sympathie hat, kann man ihm auf diese Weise wirkungsvoll Gedanken dieser Art schicken, vorausgesetzt, dass der Antrieb rein ist. Nie aber versuche man, einen anderen zu verletzen, oder aus unlauteren und selbstsüchtigen Gedanken heraus ihm Gedanken zu senden, da solche mit verdoppelter Kraft auf den Entsender zurückfallen und ihn verletzen, während der beleidigte Teil nicht angegriffen wird. Psychische Kraft, wenn ordnungsgemäß angewandt, ist ausgezeichnet, aber man hüte sich vor »schwarzer Magie« oder ungehörigen und unheiligen Anwendungen derselben, da solche Versuche dem Spielen mit einer Dynamomaschine gleichen und die Person, die sich damit beschäftigt, gewiss durch die Folgen der Handlung selbst bestraft wird. Immerhin gewinnt eine Person von unlauteren seelischen Motiven niemals einen hohen

Grad seelischer Kraft und ein reines Herz und Gemüt ist ein unverletzlicher Schild gegen unheilvolle seelische Kräfte. Man halte sich rein und nichts kann uns verletzen.

2) Eine Aura zu bilden.

Wenn man öfters in der Gesellschaft von Personen einer niederen Geistesrichtung ist, und man den herabdrückenden Einfluss ihrer Gedanken fühlt, atme man einige Male rhythmisch und schaffe so eine größere Zufuhr von Prana, hierauf umgebe man sich vermöge der mentalen Bildkraft mit einer eiförmigen Aura aus Gedanken, die uns gegen die groben Gedanken und den störenden Einfluss der anderen schützen wird.

3) Sich selbst wieder »zu laden«.

Wenn man fühlt, dass in der vitalen Kraft Ebbe eingetreten ist, und man rasch neue Zufuhr braucht, ist die beste Methode, die Füße eng aneinander zu drücken, (natürlich Seite an Seite) und die Finger der Hände auf irgendeine bequeme Weise zu verschlingen. Dies schließt den Kreis und verhindert jedes Austreten des Prana durch die Extremitäten. Dann atme man rhythmisch einige Male und wird sich vom Effekt des »Frischladens« überzeugen.

4) Andere wieder »zu laden«.

Wenn es einem Freund an vitaler Kraft mangelt, kann man ihm helfen, indem man sich ihm gegenüber setzt, so dass die Zehen einander berühren, und seine Hände erfasst. Dann mögen beide rhythmisch atmen, der Heiler, indem er das mentale Bild macht, wie er das Prana in das andere System entsendet, und der Empfänger, indem er sich vorstellt, wie er das Prana aufnimmt. Menschen von schwacher Vitalität oder passivem Willen sollten vorsichtig sein, mit wem sie dieses Experiment machen, da das Prana einer Person von schlechtem Willen durch die Gedanken dieser Person gefärbt wird und ihnen einen zeitweisen Einfluss auf die schwächere Person geben kann. Immerhin kann die letztere solchen Einfluss leicht entfernen, indem sie den Kreis schließt (wie vorerwähnt) und einige Male rhythmisch atmet, hierauf mit dem Reinigungsatem schließt.

5) Wasser zu laden.

Wasser kann mit Prana geladen werden, indem man während des rhythmischen Atmens das Glas auf der linken Hand hält und die Finger der rechten Hand zusammengibt, worauf man sie leicht über dem Wasser schüttelt, als ob man Wassertropfen von den Fingerspitzen in das Glas fallen lassen wollte. Auch muss man das mentale Bild des Prana, wie es in das Wasser tropft, festhalten, so geladenes Wasser wirkt stimulierend auf schwache oder kranke Personen, besonders wenn ein Heilgedanke das mentale Bild der Pranaübertragung begleitet. Die Vorsieht, auf die in der vorigen Übung aufmerksam gemacht wurde, erscheint auch hier geboten, obwohl die Gefahr in weit geringerem Masse besteht.

6) Mentale Eigenschaften zu erwerben.

Es kann nicht nur der Körper vom Geist unter der Leitung des Willens beherrscht werden, der Geist selbst kann durch die Übung des beaufsichtigenden Willens trainiert und kultiviert werden. Was die Wissenschaft des Westens als »Mentale Wissenschaft« kennt, zeigte sich ihr als ein

Teil der Wahrheit, die dem Yogi seit Jahrhunderten bekannt ist. Die bloße ruhige Forderung des Willens wird in dieser Richtung Wunder verrichten; wenn aber die mentale Übung durch rhythmisches Atmen begleitet wird, wird der Effekt um vieles vermehrt. Angestrebte Eigenschaften können dadurch erworben, werden, dass man das mentale Bild des Angestrebten während des rhythmischen Atmens festhält. Ruhe und Selbstbeherrschung, anstrebenswerte Eigenschaften, vermehrte Kraft etc. können auf diese Weise erworben werden. Irgendeine oder alle Übungen der »mentalen Wissenschaft«, »Behandlungen« und »Stärkungen« können mit dem rhythmischen Atem des Yogi angewendet werden. Im Folgenden eine gute allgemeine Übung zur Erwerbung und Entwicklung der angestrebten geistigen Eigenschaften.

Man liege in passivem Zustand oder sitze aufrecht. Man stelle sich die angestrebten Eigenschaften vor, indem man sich ein Bild von sich selbst macht, wenn man alle diese Eigenschaften besäße und fordert, dass der Geist diese Eigenschaften entwickle. Man atme rhythmisch und halte das Bild fest. Man trage das geistige Bild so viel als möglich mit sich und bemühe sich, diesem so gebildeten Ideal nachzuleben. Man wird finden wie man nach und nach in sein Ideal hineinwächst. Der Rhythmus des Atmens steht dem Geist darin bei, neue Kombinationen zu bilden, und der Schüler, der die Systeme des Westens befolgt hat, wird finden, dass das rhythmische Atmen ein wundervoller Verbündeter bei seinen Arbeiten in »mentaler Wissenschaft« ist.

7) Physische Eigenschaften zu erwerben.

Physische Eigenschaften können auf dieselbe Weise erlangt werden, wie sie oben von den mentalen beschrieben wurde. Gewiss meinen wir nicht, dass kleine Leute lang werden oder dass man amputierte Gliedmassen ersetzen kann oder ähnliche Mirakel. Aber man kann den Ausdruck der Haltung verändern; Mut und allgemeine physische Eigenschaften können durch die Aufsicht des Willens verbessert werden, wenn er durch rhythmisches Atmen unterstützt wird. Wie ein Mensch denkt, so sieht er aus, so handelt, geht, sitzt er etc. Verbessertes Denken ruft verbessertes Aussehen und Handeln hervor. Um irgendeinen Teil des Körpers zu entwickeln, lenke man die Aufmerksamkeit darauf, halte das mentale Bild, dass man einen Strom von vermehrtem Prana oder vitaler Kraft hinsende, und erhöhe so seine Vitalität und seine Entwicklung. Dieser Vorgang eignet sich gleich gut für irgendeinen Körperteil, den man zu entwickeln wünscht. Viele Athleten des Westens wenden Abarten dieser Methode bei ihren Übungen an. Der Schüler, der unseren Anweisungen so weit gefolgt ist, wird leicht verstehen, wie die Grundsätze der Yogis zu diesem Zwecke anzuwenden sind. Die allgemeine Regel bei den Übungen ist dieselbe wie bei der vorhergehenden Übung. (Geistige Eigenschaften zu erwerben.) Wir haben diesen Punkt gelegentlich der Behandlung physischer Krankheiten berührt.

8) Erregungen zu beherrschen.

Unwünschenswerte Erregungen wie Furcht, Traurigkeit, Angst, Hass, Zorn, Eifersucht, Melancholie, Aufregung, Kummer etc. unterliegen der Herrschaft les Willens und der Wille kann in solchen Fällen leichter wirken, wenn er durch rhythmisches Atmen unterstützt wird. Folgende Übung ist von den Schülern der Yoga außerordentlich wirksam gefunden worden, obwohl der vorgeschrittene Yogi ihrer nur wenig bedarf, da er seit langem über diese unerwünschten Erregungen geistig hinausgewachsen ist. Immerhin ist sie dem Yogi-Schüler eine große Hilfe während er wächst.

Man atme rhythmisch und konzentriere die Aufmerksamkeit auf den Solarplexus, indem man ihm den geistigen Befehl erteilt: »Gehe fort«! Man sende den geistigen Befehl fest, gerade zu Beginn des Ausatmens und forme das mentale Bild, wie die unerwünschten Erregungen mit dem herausströmenden Atem fortgeführt werden. Man wiederhole sieben Mal und endige mit dem Reinigungsatem, worauf man ein allgemeines Wohlbefinden wahrnehmen wird. Das mentale Kommando muss »im Ernst« gegeben werden, da eine oberflächliche seelische Verfassung die Arbeit nicht verrichten wird.

9) Umwandlung der Zeugungskraft.

Der Yogi besitzt viele Kenntnisse bezüglich des Gebrauchs und des Missbrauchs der Zeugungskraft bei beiden Geschlechtern. Einige Winke hierüber sind durchgesickert und sind von westlichen Autoren über diesen Gegenstand verwendet worden und viel Gutes ist dadurch entstanden. In diesem Büchlein können wir den Gegenstand nur kurz berühren und wollen, indem wir die Theorie erwähnen, eine praktische Atemübung anführen, durch welche der Schüler in die Lage gesetzt wird, die Zeugungskraft in Vitalität für ganze System umzuwandeln, statt sie in wollüstiger Befriedigung inner- oder außerhalb der Ehe zu vergeuden oder zu verschleudern. Zeugungskraft ist schöpferische Energie und kann vom System aufgenommen und in Stärke und Vitalität umgesetzt werden und so den Zweck der inneren Wiedergeburt stattdessen des Sterbens und Geborenwerdens erfüllen. Wenn die jungen Leute des Westens diese grundlegenden Prinzipien verstünden, bliebe ihnen viel Unglück und Elend in späteren Jahren erspart, sie würden geistig, moralisch und physisch stärker sein.

Diese Umformung der Zeugungskraft gibt allen, die sie ausüben, große Vitalität. Sie sind von außerordentlicher Lebenskraft erfüllt, die von ihnen ausstrahlt und sich als »persönlicher Magnetismus« manifestiert. Die so umgeformte Energie kann in neue Kanäle geleitet und mit Vorteil angewendet werden. Die Natur hat in der Zeugungskraft eine der mächtigsten Manifestationen von Prana kondensiert, da ihre Aufgabe ist, zu schaffen. Die größte Menge von Lebenskraft ist auf den kleinsten Flächenraum begrenzt. Der Zeugungsorganismus ist der machtvollste Akkumulator im tierischen Leben und seine Kraft kann aufwärts gezogen und verwendet werden, statt sie bei der gewohnten Funktion des Zeugens auszugeben oder in Wollust zu vergeuden. Die Mehrzahl unserer Schüler weiß etwas von den Theorien der Regeneration oder Wiedergeburt und wir können wenig mehr tun, als die obenerwähnten Tatsachen zu konstatieren ohne sie beweisen zu wollen.

Die Yogi-Übung, um die Zeugungsenergie umzuwandeln, ist einfach. Sie ist mit rhythmischem Atmen gepaart und kann leicht ausgeführt werden. Sie kann zu jeder Zeit ausgeführt werden, wird aber am meisten empfohlen, wenn sich der Instinkt am stärksten bemerkbar macht, da sich in solchen Augenblicken die Schöpfungsenergie äußert und am leichtesten in wiedererneuernde Kraft umgesetzt werden kann. Die Übung ist folgende:

Man fixiere den Geist auf die Idee der Kraft und enthalte sich gewöhnlicher geschlechtlicher Gedanken und Vorstellungen. Sollten diese dennoch auftauchen, so sei man nicht entmutigt, sondern betrachte sie als Äußerungen einer Kraft, die man zur Stärkung von Körper und Geist und zur Wiedergeburt verwenden will. Man liege ruhig oder sitze aufrecht und fixiere den Geist an die Vorstellung, dass man die Zeugungskraft aufwärts in den Solarplexus ziehe, wo sie umgewandelt und als Reservevorrat von vitaler Kraft aufgespeichert wird. Dann atme man rhythmisch und halte das geistige Bild des Heraufziehens der Zeugungskraft bei jeder Einatmung fest. Bei jeder Ausatmung erteile der Wille das Kommando, dass die Energie von den Zeugungsorganen in den Solarplexus gezogen werden möge. Wenn der Rhythmus ordentlich hergestellt und das geistige Bild fixiert ist, wird man sich des Aufwärtsziehens der Energie bewusst werden und ihre stimulierende Wirkung empfinden. Wünscht man eine Zunahme der Denkkraft, so kann man sie statt in den Solarplexus ins Gehirn dirigieren, indem man den Befehl erteilt und das geistige Bild der Übertragung auf das Gehirn festhält.

Männer oder Frauen, die geistig oder körperlich schöpferische Arbeit leisten, können vermöge der obigen Übung die Zeugungsenergie für ihre Arbeiten verwerten, indem sie dieselbe mit jeder Einatmung heraufziehen und mit jeder Ausatmung entsenden. In dieser Form der Übung werden nur die für das zu schaffende Werk benötigten Teile der Energie für dasselbe verwendet, während der Rest im Solarplexus aufgespeichert wird.

Niemand wird dies dahin missverstehen, dass die Zeugungssäfte heraufgezogen und verwendet werden. Nur die ätherische Prana-Energie, welche letztere belebt, die Seele des ganzen Zeugungsorganismus, wird in dieser Weise umgeformt. Es ist gebräuchlich, bei dieser Umwandlungsübung den Kopf leicht und natürlich nach vorne zu senken.

10) Verstärkung der Gehirnkraft.

Die Yogis haben die folgende Übung als außerordentlich nützlich erfunden, um die Gehirntätigkeit zum Zwecke klaren Denkens und Urteilens anzuspornen. Sie klärt in wunderbarer Weise das Gehirn und das Nervensystem, und alle geistigen Arbeiter werden sie außerordentlich nützlich finden, sowohl um ihnen bessere Arbeit zu ermöglichen als auch um ihren Geist nach angestrengter geistiger Arbeit zu erfrischen und zu klären.

Man sitze in aufrechter Haltung, halte die Wirbelsäule gerade, die Augen gut nach vorne gerichtet und lasse die Ellbogen auf dem oberen Teile der Beine ruhen. Hierauf atme man rhythmisch, aber statt durch beide Nasenlöcher einzuatmen, halte man das linke mit dem Daumen fest zu und atme nur durch das rechte ein. Dann entferne man den Daumen, verschließe das rechte Nasenloch mit dem Finger und atme durch das linke Nasenloch aus. Hierauf, ohne die Finger zu wechseln, atme man durch das linke Nasenloch ein und, die Finger wechselnd, atme man durch das rechte Nasenloch aus. Dann einatmen durch das rechte und durch das linke ausatmen und so fort, wie oben angegeben die Nasenlöcher wechselnd, indem man das unbenutzte Nasenloch mit dem Daumen oder Zeigefinger verschließt. Dies ist eine der ältesten Formen des Yogi-Atmens, außerordentlich wichtig und wertvoll, und der Aneignung wert. Aber es ist den Yogis sehr spaßhaft, dass in der westlichen Welt diese Übung oftmals als »das ganze Geheimnis« des Yogi-Atmens angesehen wird, und dass der Terminus »Yogi-Atmung« keine andere Vorstellung hervorrufe als das Bild eines Hindu, der aufrecht sitzt und beim Atmen die Nasenlöcher wechselt. »Dieses und nichts anderes.«

Wir sind überzeugt, dass dieses kleine Büchlein der

Welt des Westens die Augen für das wahre Yogi-Atmen öffnen und ihr die großen Möglichkeiten desselben sowie die zahlreichen Methoden seiner Anwendung zeigen wird.

11) Der große psychische Atem des Yogi.

Die Yogis haben eine Lieblingsform des psychischen Atmens, die sie gelegentlich ausführen und dessen Sanskrit-Terminus der obige Titel im allgemeinen entspricht. Wir geben diese Übung als letzte, da sie große Übung des Schülers in Bezug auf das rhythmische Atmen voraussetzt und auch geübte geistige Vorstellungskraft erfordert. All dies ist durch die vorübergehenden Übungen bereits erworben worden.

Das Grundprinzip des großen Atems kann durch das alte Hindu-Sprichwort wiedergegeben werden: »Gesegnet sei der Yogi, der durch seine Knochen atmen kann«.

Diese Übung füllt das gesamte System mit Prana und der Schüler geht daraus hervor, und fühlt jeden Knochen, jeden Muskel, jeden Nerv, jede Zelle, jedes Gewebe, jedes Organ und jeden Körperteil vom Prana und vom Rhythmus des Atmens belebt und gefärbt. Sie ist eine allgemeine Regeneration des gesamten Nervensystems, und wer sie sorgfältig ausübt, wird sich fühlen, als hätte er einen neuen Körper erhalten, als sei er vom Scheitel bis zu den Zehen neu geschaffen.

Möge die Übung für sich selbst sprechen.

1) Man liege in vollkommener Bequemlichkeit und Ruhe ausgestreckt.

2) Man atme rhythmisch, bis der Rhythmus ganz hergestellt ist.

3) Atme man ein und aus und forme das geistige Bild,

dass der Atem durch die Knochen der Füße eingezogen und ausgestoßen wird, hierauf durch die Knochen der Arme; dann durch den Scheitel; dann durch den Magen; dann durch den Unterleib in die Nähe der Genitalien; dann als ob er die Wirbelsäule hinauf- und herunterfließen würde; dann, als ob der Atem durch jede Pore der Haut eingezogen würde, den ganzen Körper mit Prana und lieben erfüllend.

4) Dann sende man (rhythmisch atmend) den Strom nach den sieben Lebenszentren, wie folgt, und bediene sich dabei des mentalen Bildes wie in den vorhergehenden Übungen,

a) in die Stirne,

b) in den Hinterkopf,

c) in die Gehirnbasis,

d) in den Solarplexus.

e) in die Region des unteren Rückgrates.

f) in die Nabelgegend,

g) zu den Zeugungsorganen.

Man endige, indem man das Prana mehrmals vom Kopf zu den Füßen durchfegen lässt.

5) Endlich übe man den Reinigungsatem.

16. Kapitel.

Das spirituelle Atmen.

Es gelingt dem Yogi nicht nur, durch Willenskraft mit rhythmischem Atmen gepaart angestrebte geistige Eigenschaften zu erlangen; er entwickelt, oder besser gesagt, hilft auf dieselbe Weise auch der Entfaltung spiritueller Fähigkeiten. Die orientalische Philosophie lehrt, dass der Mensch viele Fähigkeiten besitzt, die gegenwärtig latent sind, aber sich mit der Evolution der Rasse entwickeln werden. Sie lehrt auch, dass der Mensch mit richtig angewandter Willenskraft und durch günstige Umstände unterstützt an der Entfaltung dieser spirituellen Fähigkeiten mitarbeiten und sie viel schneller entwickeln kann als im normalen Verlauf der Evolution. Mit anderen Worten, man kann schon jetzt bewusst spirituelle Fähigkeiten entwickeln, die nach dem Gesetz der Evolution erst nach langen Altern der Entwicklung Gemeingut der Rasse werden. Bei allen darauf hinzielenden Übungen spielt das rhythmische Atmen eine wichtige Rolle. Gewiss ist in dem Atem selbst keine mystische Eigenschaft, die so wunderbare Resultate erzeugt. Aber der Rhythmus, der durch den Yogi-Atem hervorgebracht wird, ist so stark, dass er das ganze System, das Gehirn eingeschlossen, unter vollkommene Aufsicht und in vollkommene Harmonie bringt und dadurch den vollendetsten Zustand zur Entfaltung dieser latenten Fähigkeiten schafft.

In dieser Arbeit ist es uns nicht möglich, tief auf die spirituelle Entwicklung betreffende Philosophie des Ostens einzugehen, weil dieser Gegenstand Bände erforderte, um ihm gerecht zu werden und außerdem dem Anfänger zu absonderlich erscheinen würde. Es gibt noch andere, den Okkultisten wohlbekannte Gründe, warum diese Kenntnis jetzt noch nicht ausgebreitet werden sollte. Aber sei versichert, lieber Schüler, dass der Weg für dich geöffnet sein wird, wenn die Zeit da ist, den nächsten Schritt zu tun. »Wenn der Chela (Schüler) bereit ist, erscheint der Guru (Lehrer).« In diesem Kapitel wollen wir Anleitung zur Entwicklung zweier Phasen des spirituellen Bewusstseins geben, nämlich:

1) das Bewusstsein der Identität der Seele,

2) das Bewusstsein der Verbindung der Seele mit dem Leben des Universums. Beide unten gegebenen Übungen sind einfach und bestehen aus fixierten mentalen Bildern verbunden mit rhythmischem Atmen. Der Schüler muss zu Beginn nicht zu viel erwarten, sondern sich langsam beeilen, und sich damit zufrieden geben, sich wie die Blume zu entwickeln: vom Samen zur Blüte.

Das Bewusstsein der Seele.

Das wirkliche Selbst ist nicht der Körper und nicht einmal der Verstand des Menschen. Diese sind nur Teile seiner Persönlichkeit, das niederere Selbst. Das wahre Selbst ist das Ego, das sich in der Individualität manifestiert. Das wahre Selbst ist vom Körper, den es bewohnt, unabhängig, es ist selbst vom Mechanismus des Verstandes unabhängig, den es als Instrument benützt. Das wahre Selbst ist ein Tropfen aus dem göttlichen Ozean und ist ewig und unzerstörbar. Es kann nicht sterben oder vernichtet werden, was immer mit dem Körper geschehen möge, das wahre Selbst bleibt bestehen. Es ist die Seele. Man denke seine Seele nicht als ein Ding, das außer einem liegt, der Mensch selbst ist die Seele, und sein Körper ist nur sein unwirklicher und vorübergehender Teil, der jeden

Tag Materie wechselt und den er eines Tages wegwerfen wird. Man kann seine Fähigkeiten so entwickeln, dass man sich der Tatsache der Seele und ihrer Unabhängigkeit vom Körper bewusst wird. Die Methode des Yogi, um dieses Bewusstsein zu entwickeln, ist, über das wirkliche Selbst oder die Seele zu meditieren und Meditation durch rhythmische Atemübungen zu unterstützen. Folgende Übung ist die einfachste Form:

Übung. — Man bringe den Körper in eine leichte und zurückgelehnte Stellung. Man atme rhythmisch und meditiere über das wahre Selbst, indem man sich selbst als eine vom Körper unabhängige Einheit vorstellt, die denselben zwar bewohnt, ihn aber nach Belieben verlassen kann. Man denke sich nicht als Körper, sondern als Geist und seinen Körper nur als eine Schale, die zwar nützlich und angenehm, aber kein Teil des wahren Ich ist. Man denke sich als unabhängiges Wesen, das den Körper nur als Fahrgelegenheit benützt. Während der Meditation ignoriere man den Körper völlig und man wird finden, dass man manchmal ganz das Bewusstsein seines Vorhandenseins verliert. Es wird scheinen, als wäre man aus seinem Körper herausgetreten und könne dahin zurückkehren, wenn die Meditation vorüber ist.

Das ist das Ziel der Meditationsmethode des Yogi-Atmens, und wenn man konsequent dabei ist, kommt man zu einem wundervollen Bewusstsein von der Wirklichkeit der Seele und der Unabhängigkeit vom Körper. Oft kommt mit diesem erhöhten Bewusstsein das Gefühl der Unsterblichkeit und man wird Zeichen von spiritueller Entwicklung an sich tragen, die einem selbst und anderen bemerkbar werden. Man darf sich jedoch nicht gestatten, zu sehr in den oberen Regionen zu leben oder den Körper zu vernachlässigen. Denn man hat auf dieser Ebene einen bestimmten Zweck zu erfüllen und darf die Gelegenheit nicht vernachlässigen, Erfahrungen zu sammeln, die dazu bestimmt sind, auszugleichen, auch darf man den Respekt vor dem Körper nicht verlieren, der der Tempel des Ego ist und wir Vollkommenheit und Meisterschaft gerade in diesem Körper, der ja das vollkommenste physische Vehikel der Seele ist, erreichen müssen.

Das universelle Bewusstsein.

Das höhere Selbst im Menschen, das der höchste Ausdruck seiner Seele ist, ist nur ein Tropfen aus dem großen Ozean des Weltgeistes, anscheinend getrennt und gesondert, in Wahrheit aber mit dem Ozean selbst in Berührung. In dem Grade, wie der Mensch sein spirituelles Bewusstsein entwickelt, wird er sich mehr und mehr dieser Verbindung mit dem Weltgeist, mit dem universellen Leben, bewusst. In Zeiten der Flut fühlt er, als ob er fast damit zusammenflösse, dann, wenn die seelische Ebbe kommt, verliert er wieder das Bewusstsein des Zusammenhangs und der Verwandtschaft. Der Yogi sucht diesen Zustand des Universal-Bewusstseins durch Meditation und rhythmisches Atmen zu erreichen, und viele gelangten auf diese Weise zu den höchsten Graden spiritueller Entwicklung, die dem Menschen auf dieser Stufe möglich ist. Wer dieses Buch studiert, braucht die höheren Instruktionen, um Meister zu werden, zurzeit noch nicht, denn er wird viel zu tun und zu vollenden haben, bis er dieses Stadium erreicht. Aber es erscheint angebracht, ihn in die niederen Stufen der Yogi-Übungen zur Entwicklung des universellen Bewusstseins einzuweihen, und wenn es ihm ernst ist, wird er Mittel und Methoden entdecken, durch die er fortschreiten kann. Der Weg ist immer offen, wenn man bereit ist, ihn zu beschreiten. Man wird finden, dass die folgende Übung viel dazu beiträgt, das universelle Bewusstsein zu entwickeln, wenn man sie getreu ausübt.

Übung: Man bringe den Körper in eine zurückgeneigte, zwanglose Haltung. Atme rhythmisch und meditiere über die Verbindung mit dem Universalgeist, von dem man nur ein Atom ist. Man denke sich in Verbindung und in Berührung mit dem All. Sehe alles als Eines und sich selbst als Teil dieser Einheit. Fühle, dass man die Schwingungen von dem großen Universalgeist empfängt und an seiner Kraft, Stärke und Weisheit teilnimmt. Man kann folgende beide Direktiven zur Meditation befolgen:

a) Bei jeder Einatmung denke man, dass man die Stärke und Kraft des Universalgeistes einzieht. Beim Ausatmen denke man, dass man dieselbe Kraft auf andere überträgt, man sei mit Liebe für jedes Lebewesen erfüllt und wünsche, dass es an denselben Segnungen auch teilnehmen möge. Man lasse die Universalkraft durch sich zirkulieren.

b) Man versetze seinen Geist in einen Zustand der Ehrfurcht, meditiere über die Größe des Universalgeistes und öffne sich dem Einströmen der göttlichen Weisheit, die uns dann mit erleuchtender Weisheit erfüllen wird. Dann lasse man sie ausströmen auf seine Brüder und Schwestern, die man liebt und denen man helfen möchte.

Diese Übung hinterlässt in denen, die sie ausführten, ein neugeborenes Bewusstsein der Stärke, des Friedens und der Weisheit und ein Gefühl geistiger Erhebung und des Friedens. Man darf sie nur in einer ernsten und ehrfurchtsvollen Verfassung ausführen und sich ihr nicht zerstreut oder in einer oberflächlichen Verfassung nähern.

Allgemeine Anweisungen.

Die Übungen, die in diesem Kapitel gegeben werden, erfordern eine angemessene geistige Haltung und einen geeigneten geistigen Zustand. Leichtfertige und tändelsüchtige Menschen, oder solche, die keinen Sinn für Geistigkeit und Ehrfurcht haben, werden im Voraus gewarnt, da sie kaum Resultate erzielen werden und außerdem ein eigenwilliges Spiel mit höchsten Dingen treiben, das ihnen zum Fluch gereichen kann. Diese Übungen sind für die Wenigen, die sie bedürfen und deshalb verstehen; die anderen werden sich durch sie nicht angezogen fühlen, und deshalb keine Ausdauer und Geduld in dieser Richtung entwickeln können.

Während der Meditation lasse man den Verstand auf den durch die Übung gegebenen Ideen ruhen, bis sie ihm ganz klar sind und sich nach und nach in wirkliches Bewusstsein umsetzen. Der Geist kommt nach und nach zur Ruhe und das geistige Bild wird sich deutlich manifestieren. Man schwelge nicht zu oft in diesen Übungen und lasse sich durch den erzeugten Zustand der Glückseligkeit nicht verführen, denn die Angelegenheiten des täglichen Lebens müssen auch ferner pflichtgetreu erfüllt werden, da sie zur Entwicklung nötig und nützlich sind.

Man darf niemals eine Lehre, eine Lebenslektion fliehen, so unangenehm sie auch sein mag, bis sie vollständig erfüllt ist.[1]

Möge die Freude, die aus dem erwachten Bewusstsein quillt, euch erheben und für die Kleinlichkeiten des Lebens stählen und nicht unzufrieden und verdrießlich ma-

---

[1] Es sei deshalb auf das ergänzende Werk unseres Meisters Vivekanada: *Karma Yoga*, verdeutscht von Dr. Franz Hartmann verwiesen. Derselbe Verlag dieser Schrift.

chen!

Alles ist gut und jedes Ding steht richtig an seiner Stelle.

Mancher Schüler, der diese Übungen ausführt, wird mit der Zeit mehr wissen wollen. Er sei versichert, dass, wenn die Zeit herankommt, er nicht vergeblich suchen wird. Setzt euren Weg fort in Mut und Vertrauen und haltet euer Angesicht nach Osten, von wo die aufsteigende Sonne kommt. Friede sei mit euch und mit allen Menschen!

— Aum! —